정신분석 아카데미 시리즈 6

정신분석과 은유

문은정 지음

정신분석 아카데미 시리즈 5

정신분석 아카데미 시리즈는 정신분석학 분야의 우수한 논문들을 단행본으로 출간함으로써 한국의 정신분석학의 발전에 기여하는 것을 목적으로 하고 있으며, 이 시리즈의 책들의 판매에서 발생하는 수익금은 전액 한신대학교 정신분석대학원 장학기금으로 사용되고 있습니다. 이 시리즈에 포함될 논문은 한신대학교 정신분석대학원 논문심사위원회에서 선정합니다.

목　　차

Ⅲ. 정신분석과 은유

Ⅰ. 서론

1. 연구의 필요성 및 목적

정신분석은 프로이트 이후로부터 계속 환자를 치료하는 방법과 함께 발전해 왔다. 정신분석은 치료와 함께 생각되어야 한다. 치료는 분석가와 피분석자가 만나 피분석자는 이야기를 하고 분석가는 듣는 의사소통의 방식에서 이루어진다. '말하기'가 정신분석의 핵심이라 할 수 있다. 프로이트는 이 말하기 중 이야기되지 않는 것들이 있다는 것을 통해 인간의 정신 안에 무의식이 있다는 것을 발견했다.

은유는 아리스토텔레스 이후 수사학의 일부로 단어나 어휘 차원에서 연구되어 왔다. 따라서 은유에 대한 인식은 이 수사학의 범주에서 크게 벗어나지 않는다. 하지만 은유가 단지 시인의 전유물이거나 말이 꾸미는 의도에서만 사용되는 것은 아니다. 은유는 무의식적인 정신 기능의 하나이고, 나와 나의 경험과 내가 보는 세상을 해석하고 표현하는 수단이 될 수 있다.

은유가 무의식적인 정신의 한 기능이란 점은 정신분석과 만날 수 있는 지점이기도 하다. 정신분석이 인간의 무의식을 탐구하는 분야이기에 정신분석 안에서 은유에 대한 연구들은 지속적으로 있어 왔다. 하지만 대부분의 연구들은 무의식의 한 특징을 나타내는 방식으로 은유를 이해한 것들이다. 이는 '정신분석과 은유'라는 제목으로 학술논문 등을 검색해 본다면 쉽게 확인할 수 있다.

치료가 벌어지는 정신분석 구조에 대한 은유적 접근은 이루어질 수 없는지에 대한 질문을 해볼 수 있다. 정신분석의 핵심이 '말하기'라면, 말 역시 단어와 어휘로 이루어진다는 점에서 은유를 생각해 볼 순 있다. 하지만 '말하기'의 모든 문장에 은유적 표현이 쓰이는 것은 아니다. "너, 오늘 옷 잘 어울린다." 라는 말 속에 수사적 표현의 은유는 들어있지 않기 때문이다. 하지만 그 옷이 정말 잘 어울렸는지, 형편없는 옷이라 비아냥거린 건지, 그저 잘 보이고 싶은 마음에서 한 것인지는 알 수 없다. 말 속엔 어떤 숨겨진 의도가 있을 수 있기 때문이다. 말 속에 '숨겨진 의도'가 있다는 지점이 '말하기'를 은유의 측면에서 생각하게 한다. 은유(隱喩)란 원래 의미의 단어를 숨기고 비교가 되는 단어를 취하는 것이기 때문이다. 그렇다면 정신분석을 은유적 차원에서 해석하기 위해선 단어와 어휘에 한정된 수사학에서의 은유보다 좀 더 확장된 은유의 개념이 필요해진다.

이런 맥락에서 볼 때 현대 수사학에서 전개되는 은유론들 중 인지언어학적 은유론에 주목할 필요가 있다. 인지언어학 분야인 '인지 의미론'이란 언어학 분야의 발전은 은유에 대한 인식론적 변화를 가져온 중요한 계기가 된다. 특히 조지 레이코프(George Lakoff)와 마크 존슨(Mark Johnson)의 '개념적 은유' 이론은 기존의 은유론을 크게 바꾼 것으로 평가된다. "'개념적 은유'의 관점은 은유를 아리스토텔레스 이후의 전통적 은유의 범주, 즉

'단어'나 '문학적 비유'의 영역이 아니라 세계에 대한 사고와 개념을 가능케 하는 '인식틀'의 차원으로 이해하게 한다."[1] 이들의 은유론이 은유에 대한 확장된 사고를 가능케 한다면 정신분석을 은유의 차원에서 볼 때 좀 더 넓은 폭의 사고를 가능케 할 것이다.

앞서 정신분석 안에서도 은유에 대한 주제로 접근한 연구들이 있어 왔다고 말한 바 있다. 하지만 정신분석 틀에서 분석적 기술이나 분석가와 피분석자의 의사소통의 수단, 정신분석에서 주요 개념들에 대한 은유적 해석에 대한 연구는 드물다. 이것은 해외의 정신분석 연구들이 은유 연구를 통해 실질적인 다양한 정신분석적 기술의 연구에 대한 것과는 대조적이다. 따라서 본 연구는 정신분석과 은유에 대한 다양한 의견들을 소개하면서, 정신분석의 주요 개념들에 대한 은유적 해석과 정신분석 임상에서의 은유의 이해가 정신분석적 기술, 치료적 방법에 대한 이해가 될 수 있음을 설명하려 한다. 그리고 여러 정신 분석가들의 이론뿐만 아니라 그 이론을 뒷받침하는 그들의 사례 소개하여, 임상 상황에서 실제 피분석자들의 은유적 표현이 어떻게 드러나고, 분석가의 은유적 이해와 해석이 분석에서 어떤 돌파구가 되고, 의사소통에 있어서 어떤 영향력을 끼치는지에 대한 실질적인 예시들을 보여주려 한다. 이러한 이론의 소개와 사례 예시들은 정신분석에서의 은유에 대한 이해를 높이면서도 실제 임상에서 활용할 수 있는 자료가 될 것이다.

2. 연구 방법

본 연구의 주제가 '정신분석과 은유'이기에 정신분석과 은유라는 두 가지 방향에서 논의를 진행할 것이다. 하나는 인지언어학적 은유론인 레이코프와 존슨의 은유에 관한 것이고, 다른 하나는 정신분석 안에서 은유가 어떻게 사용되고 논의되는지에 관한 것이다. 그리고 이 '정신분석 안에서의 은유'라는 논의에선 자크 라캉의 관점에 대한 자료는 배제하였다. 그 이유는 이미 나와 있는 정신분석과 은유라는 주제는 대부분 라캉의 관점에서 충분히 다루어지고 있었고, 또 라캉의 관점이 구조주의 언어학을 바탕으로 한다는 점에서였다. 그것은 이 논문이 인지 언어학자인 레이코프와 존슨의 이론에 중점을 둔다는 점에서 논의의 방향이 달라질 수 있다는 점에서 다루지 않았다.[2)]

한편 은유를 다루는 문제에 있어서는 레이코프와 존슨의 은유론을 소개하였다고 하여 수사학적 개념의 은유를 완전히 배제한 것은 아니다. 은유론은 이전의 논의를 바탕으로 해서 이어지는 것이기에, 기존의 것을 배제하고 새로운 것을 취하는 방법은 통용되기 어렵다는 생각이기 때문이다.

정신분석과 은유에 대한 문헌들은 크게는 피분석자가 사용하는 은유들과 피분석자의 은유를 파악할 수 있어야 하는 분석가의 입장에서의 은유들로 구분된다. 즉, 은유를 파악하고 사용할 수 있어야 하는 분석가의 능력이나 기술에 관한 문헌들과 피분석자의 말하기에 담긴 은유적 함의, 꿈, 증상들에 관한 문헌들이 탐구될 것이다.

연구자는 여기엔 피분석자가 은유의 기능을 상실 했을 때 분석상황은 어떻게 전개될 수 있는지에 대한 논의도 진행할 것이다. 그리고 정신분석 주요 개념이 은유의 측면에서 해석될 수 있다는 점에서 이 주제에 관한 문헌을 추가하였고, 수사학적 정의의 은유와 정신분석에서 사용된 은유의 구분이 모호할 수 있어 이것에 대한 개념 정의도 구분해서 하려고 한다. 끝으로 은유적 사고가 발달적으로 가능한 시점을 은유의 기원으로 보고, 인간발달 이론에 관한 정신분석 문헌들에서 그 이유를 찾고자 한다.

3. 연구 문제

1. 은유란 무엇인가?
   레이코프와 존슨의 은유는 무엇인가?
   정신분석 일반에서의 은유에 대한 논의
2. 정신분석 임상 상황에서 은유는 어떻게 쓰이고 있는가?
   분석가는 은유를 어떻게 사용하는가?
   피분석자는 은유를 어떻게 사용하는가?
3. 은유가 사용되지 못할 경우는 어떤 결과로 나타나는가?
4. 정신 기능으로 은유적 사고는 언제 어떻게 생겨나는가?

Ⅱ. 은유란 무엇인가

1. 은유, 유추, 비유, 전이, 상징

이 논문은 '정신분석과 은유'에 대한 주제를 다룬다. 따라서 본격적인 논의에 앞서 은유에 대한 정의가 우선이 되어야 하며, 또 그에 앞서 은유와 비슷하여 개념상 혼선을 주는 다른 개념들에 대한 정의도 필요하다고 생각한다.

먼저 은유, 유추, 비유는 A와 B를 비교하여 A의 의미가 B에게로 전달된다는 것과 그 과정을 나타낸다는 점에선 같다. 그래서인지 문헌 조사 과정에서 은유의 의미와 비유의 의미가 구분 없이 전달되거나, 은유(metaphor)에 관한 내용이 자연스레 유추(analogy)에 관한 설명으로 이어지는 경우도 있었다. 그것은 정신분석 안에서 사용된 은유의 개념이 수사학적 은유의 개념보다 좀 더 포괄적인 의미로 사용되기 때문에 수사학적 개념에서의 은유와 비유의 명확한 구분과 달리 비유의 의미가 은유라는 개념으로 전달될 수 있는 이유도 있을 듯하다. 이것은 은유와 상징의 비교에서도 그렇다. 수사학적 개념에서 은유와 상징은 구분이 되어 사용된다. 하지만 정신분석에서의 상징과 은유는 그 구분을 명확하게 지을 수 있을까 하는 의문이 들 정도로 사용 면에서 비슷한 부분이 있다. 따라서 각각의 개념들에 대한 사전적 정의로 이 후 논의들에서 줄지도 모를 혼선을 최소화하려고 한다.

은유와 비유

수사학적 개념에서 은유는 비유의 한 종류에 속한다. 비유(比喻, Figure)란 말은 그리스어 'metaphora'에서 온 것으로, 은유에서의 '초월하여'란 'meta'와 '운반하다, 이동하다'의 'phora'라는 말의 합성어이다. 한자어 유(喻, 깨우칠 유) 역시 '말하다'의 '구(口)'와 '전달하다'의 의미를 지닌 '유(俞)'로 결합되어 있다. 이것은 어떤 것을 다른 것에 빗대어 나타내는 것을 의미한다. 비유는 둘 이상의 다른 것들에서 A의 뜻이 또 다른 대상인 B를 의미하도록 하는데 이때 A와 B의 의미가 통합되어 새로운 의미를 만들어낸다. "논리적으로 관련시킬 수 없는 두 사물을 비교하거나 동일시하는 비유에는 직유, 은유, 환유, 제유, 의인법 등이 포함된다."[3] 또 비유는 "원관념과 보조관념이 유추(類推, analogy)와 전이(轉移, transference) 과정을 통해 공통자질을 형성한다."[4]

은유 (隱喻, Metaphor)의 어원은 그리스어 'matapherein'에서 유래한 것으로, 이 말은 '넘어서', '초월하여(over, beyond)'라는 뜻의 접두어 'meta'와 '가져가다', '옮기다'(bring, carry)의 뜻인 'pherein'의 합성어로 구성된다. 은유 역시 의미의 이동과 전환을 의미한다. 직유는 원관념과 보조관념을 '~처럼', '~듯이','~마냥' 등을 통해 연결한다. "은유에 비해 직유는 표면적으로 외적 인접성과 근사성에 치중하는 반면, 은유는 내적 유사성과 동질성에 치중한다." [5] 예를 들어 직유는 "나는 집에서 찬밥 신세다."에서 "나는 찬밥처럼 취급된다.", 즉 "나는 천대받는다."라는 의미의 비유가 된다. 여기서 '나'와 '찬밥'은 어떤 감추어진 의미의 연결보다는 직접적으로 드러난 '하찮은 존재'란 의미로 연결된다. "직유가 물리적 반응(속성 공유)을 표면적으로 나타낸다면, 은유는 내면적으로 숨겨진 동일성을 찾기 때문에 하나 더하기 하나가 둘이 되는 것보다 셋을 찾아내는, 즉 화학적 반응(속성 상실)을 통해서 새로움을 창출할 수 있는, 베일에 가려진 속성이라 할 수 있다."[6] 이러한 은유의 "하나 더하기 하나가 셋이 되는 화학적 반응을 창출하는, 베일에 가려진 속성"이라는 점은 은유가 직유보다 정신분석과 더 공유되는 지점이 된다. 큰 의미는 없지만 굳이 구분한다면 다음과 같은 차이를 둔다.

환유(換喩 , Metonymy)와 제유(提喩, synecdoche)는 사물의 명칭을 직접 쓰지 않고 사물의 일부분이나 속성으로 전체를 나타내는 방법"[7]을 말하며, 둘의 구분은 엄밀하게 두진 않는다. 환유는 사물의 특징으로 전체를 나타내는 방법이고, 제유는 부분으로 전체를 나타내거나 전체로 부분을 나타내는 방법이다.[8]

이상의 비유에서 두 개의 다른 사물이 공통의 특질을 갖고 새로운 의미를 갖게 되는 것은 '유추'와 '전이'과정을 통해서이다. "유추는 어떤 인식 대상에 부딪혔을 때 의미나 형태, 특징 등을 선험 세계 속에서 그것과 유사성이 있어 보이는 자질을 찾아내도록 유도하는 현상이고, 전이는 그러한 공통자질을 통해 원관념에서 보조관념으로 이동하는 정신적 현상이다. 유추에는 반드시 상상력이 수반되어야 한다."[9]

은유는 한 사물을 다른 사물의 관점에서 말하면서도 감춰진 것 속에서 의미를 찾는다. 따라서 직접적인 연관성을 찾을 수 있는 직유나 환유, 제유에 비해 수반되는 상상력, 유추의 과정이 더 중요해진다. 비유가 이질적인 것에서 유사성을 찾는 수단이라 할 때, 은유는 좀 더 넓은 범위의 이질적인 것에서 그 유사성을 찾아내는 것이 된다. 그렇기에 은유는 좀 더 "혼돈과 무질서에 질서와 통일성을 부여하는 것"[10] 이라고 이야기된다.

전이와 상징

"한 말에서 다른 말로 그 뜻을 옮긴다"는 '전이'는 정신분석에서도 중요한 개념이다. 정신분석에서 전이는 "아동기 동안에 중요한 사람들과의 관계에서 경험했던 느낌, 사고, 행동 유형이 현재 맺고 있는 다른 사람들과의 관계로 전치 된 것"[11]을 말한다. 이것은 피분석자가 분석가에게 전이하는 것을 말한다. 반대로 분석가의 입장에선 '역전이'라고 이야기 한다. 역전이는 "환자에 대한 분석가의 감정과 태도에서 나타나는 요소로서, 이는 분석가의 과거 경험이 현재 상황으로 전치되는 현상"[12] 을 말한다. 전이의 의미로만 볼 때 정신분석은 은유의 한 과정이기도 하다. 정신분석에서의 전이, 역전이는 어떤 측면은 의식적인 과정이지만, 대부분 무의식적으로 일어나는 과정이다. 수사학적 관점에서의 은유는 저자의 의도에 의해서 쓰여진다는 점에선 의식적인 과정이다. 하지만 정신분석의 관점에서 논의되는 은유는 의식적인 측면도 있지만 무의식적으로 발생하는 과정이다.

한편 상징(象徵, Symbol)은 '조립하다', '짜맞추다'라는 그리스어 'symballein'에서 유래했다. 그리스어 명사형인 'symbolon'은 부호(mark), 증표(token), 기호(sign) 등의 뜻을 갖는다. 은유가 원관념과 보조관념이 직접 나타나는 반면 상징은 원관념은 숨고 보조관념만 나타난다. 은유가 겉으로는 상관없는 두 개의 것에서 숨겨진 유사성과 차이성을 발견하는 것이라면, 상징은 표현된 하나의 것 안에 생략된 원관념을 고도의 연상 작용을 통해 찾는 것이다. 이러한 암시성은 여러 개의 원관념을 상기시키기에 상징은 다의적인 성격을 갖는다.

정신분석에선 상징, 상징화, 상징주의 같은 개념이 사용된다. 상징은 드러나 있는 보조관념에서 감추어진 원관념을 찾는다는 의미로 볼 때, 드러난 보조관념은 의식, 숨겨진 원관념을 무의식적 내용으로 본다. "프로이트는 모든 상징들이 무의식적인 일차 정신 과정으로부터 나온다고 보았으며, 그것들은 수용할 수 없는 소망과 생각을 억압함으로써 불안을 줄이는 것을 목표로 갖고 있다고 생각했다."[13] 상징은 정확한 유사성을 바탕으로 하는 것이 아니라 막연한 암시나 우연성을 바탕으로 한다. 또 "상징과 그것이 나타내는 것 사이의 관계는 임의적이지 않고 어느 정도 지각된 유사성이나 유비에 바탕을 둔다. 집은 인간의 신체를 나타낼 수도 있고, 탑은 남근을 나타낼 수 있다."[14] 상징과 은유에서 상징이 막연한 암시나 우발성에 의해 의미를 나타낸다는 점은 은유와 다른 부분이고, 상징과 그것이 나타내는 것 사이의 관계가 지각된 유사성과 유추에 바탕을 둔다는 점은 은유와 같다.

정신분석에서 은유와 상징은 분석가와 피분석자, 과거와 현재, 증상과 원인과 같은 관계적 측면에서 탐색된다면 은유적 측면으로, 상징적으로 드러난 것 이면에 숨겨진 다각적의 의미들을 탐색하는 것이라면 상징적 측면으로 볼 수 있다. 하지만 무의식을 의식으로, 모호한 것을 구체적인 것으로 드러낸다는 점에선 은유와 상징은 같은 기능을 하는 셈이다.

이상으로 은유와 다소 비슷할 수 있고, 같은 개념이어도 정신분석에서 사용되는 것의 의미가 조금 다른 개념들을 살펴보았다. 앞서 은유가 수사학적 관점에선 의식적이지만 정신분석적 관점에서 의식적인 측면과 무의식적인 측면을 갖는다고 한 바 있다. 정신분석이 아닌 관점에서도 은유가 무의식의 과정이라고 보는 관점이 레이코프와 존슨이 제시하는 은유이다. 이들은 또 은유라는 정신의 기능이 신체에서 출발한다고 말한다. 이러한 점들은 정신분석과 유사한 관점이다. 따라서 이 후 논의에선 이 레이코프와 존슨이 말하는 은유에 대해서 알아볼 것이다.

2. 레이코프와 존슨의 은유

레이코프와 존슨의 개념적 은유론

조지 레이코프와 마크 존슨은 우리가 일상적으로 사용하는 언어를 관찰하여 은유가 언어나 말이 아닌 우리의 사고와 행동에 널리 퍼져있다는 발견했다. 이들은 "우리가 생각하고 행동하는 관점이 되는 일상적 개념체계의 본성은 근본적으로 은유적이며, 개념이 우리가 지각하는 것, 살아가는 방식, 다른 사람과 관계 맺는 방식을 구조화 한다"[15]고 본다. 따라서 개념체계가 구성되는 것이 근본적으로 은유적이기에 은유는 우리의 삶을 구조화하는 것이 된다. 이들의 관점에서 "은유의 본질은 종류의 사물에서 다른 종류의 사물의 관점에서 이해하고 경험하는 것이다." 우리는 우리가 의식하지 못하는 일상적인 방식으로 이러한 은유의 방식으로 말하고 생각한다. 단지 낱말의 문제가 아니라 사고 체계가 그렇다는 것이다. 오형엽[16]에 의하면, 이러한 레이코프와 존슨의 개념적 은유는 언어가 그 자체로 고정된 문자적, 객관적 의미를 갖는다고 가정하는 객관주의적 언어학과는 대립하는, 신체 경험적 탐구를 통한 체험주의적 은유론의 입장을 취한다. "개념적 은유는 기표와 기의 사이의 관계를 연결시키는 발화자의 사고나 의식, 혹은 인지적 작용에 관심을 둔다. 즉 기표와 기의를 연결시키는 과정에서 작용하는 의식이 은유적 본성을 띠고 있다고 간주한다."

예를 들어 산과 들에 갈색 막대기에 초록색 나풀거리는 것들이 달린 '그것'이 있을 때, 이것을 우리는 '나무' 라고 부른다. 외국인은 'Tree'라고 부를 것이다. 여기서 우리 모두가 다 아는 '그것'이 '기의(記意, signifié)'이고, '나무'가 'tree'는 '기표 (記標, signifiant)'가 된다. 레이코프와 존슨의 개념적 은유는 우리가 '그것'을 구체적인 것의 어떤 한 측면에 기대어 개념화하여 '그것'에 기표를 달아준다는 것이다. '그것'에 기표를 달기까지 의식에서 작용하는 그 과정, '그것'을 구체화하는 그 과정에 은유가 작용하는 것이다. "따라서 '개념적 은유'는 유사성에 기초하여 형성된다기보다는 은유가 유사성을 창조해낸다고 간주하는 입장을 취한다. '개념적 은유'는 한 정신영역을 다른 정신영역에 의해 개념화하는 방식이라 할 수 있다." [17] 그리고 이 방식은 낯설고 추상적이고 경험 불가능한 영역을 익숙하고 구체적인 경험 가능한 영역에 의해 개념화되는 것이라고 정의된다. 그렇다면 이제부터 레이코프와 존슨이 세부적으로 제시하는 은유들을 통해 이러한 정의가 어떻게 구현되는지를 살펴보자.

구조적 은유 Structural Metaphors

'구조적 은유' 한 개념이 다른 개념의 관점에서 은유적으로 구조화되는 경우를 말한다. 이때 그 개념의 모든 측면에서 보는 것이 아니라 어떤 개념의 한 측면에만 초점을 맞추게 된다. 레이코프와 존슨의 제시한 "논쟁은 전쟁 ARGUMENT IS WAR" 라는 은유에서 논쟁은 "논쟁의 전투적인 측면"에서 개념화 되고 있다.

Your claims are indefensible.
너의 주장은 방어될 수 없다.
He attacked every weak point in my argument.
그는 내 논증의 모든 약점을 공격했다.
I've never won an argument with him.
나는 그와의 논쟁에서 한 번도 이긴 적이 없다. [18]

논쟁의 사전적 의미는 "서로 다른 의견을 가진 사람들이 각각 자기의 주장을 말이나 글로 논하여 다툼. [비슷한 말] 논전(論戰)、논판(論判)."[19]이다. 우선 논쟁(論爭)의 한자 표기에서 '다툴 쟁(爭)'이나 논쟁과 같은 말인 논전(論戰)의 '싸울 전(戰)'에서도"논쟁은 전쟁이다."라는 은유를 볼 수 있다. 또 "『논쟁에서 이기는 37가지 기술』, 쇼펜하우어 지음, 김혜령 편역. 일상생활의 대화중에서도 얼마든지 일어날 수 있는 논쟁 상황을 전제, 논쟁에서 자기주장을 관철하는 정신적 검술'을 쇼펜하우어의 주요저서를 중심으로 뽑았다."[20] 라는 기사에서도 논쟁을 싸움을 이기는 기술이나 검술로써 여김을 볼 수 있다. 레이코프와 존슨은 여기서 중요한 것은 전쟁의 관점에서 논쟁을 이야기만 하는 것이 아니라는 점을 강조한다. 전쟁이란 개념이 있기에 논쟁이라 개념이 구조화되는 것이다.

> "우리는 실제로 논쟁에서 이기거나 질 수 있다. 우리는 논쟁 상대자를 적수로 본다. 우리는 그의 입장을 공격하고, 우리 자신의 입장을 방어하며, 진지를 빼앗기도 하고 빼앗기기도 한다. ... 우리가 논쟁할 때 행하는 많은 것은 부분적으로 전쟁이라는 개념에 의해서 구조화된다. ... 즉 그것은 우리가 논쟁에서 수행하는 행위를 구성해준다."[21)]

레이코프와 존슨이 말하는 이 은유에서 만약 논쟁을 싸움의 일종이 아니라, 춤의 일종으로 표현해 본다면 다음과 같이 될 것이다.

> "그의 주장은 덩실덩실 뛰어오르며 흥겹게 장단을 맞추었다."

하지만 이 표현을 볼 때, 우리는 이것이 논쟁이 아니라 논쟁이 아닌 다른 무언가를 하고 있다고 생각하게 된다. 논쟁은 전쟁의 개념에서 이해될 때, 논쟁이 된다. 이러한 점에 대해 레이코프와 존슨은 은유가 한 종류의 사물을 다른 종류의 사물의 관점에서 이해하고 경험하는 것이라고 말하면서 논쟁이 개념화되는 것을 설명한다.

> "논쟁과 전쟁은 다른 종류의 사물, 즉 언어 담화와 무장 분

쟁이며, 거기에서 수행되는 행위도 다른 행위이다. 그러나 '논쟁'은 '전쟁'의 관점에서 부분적으로 구조화되고, 이해되고, 수행되고, 말해진다. 개념이 은유적으로 구조화되고 행위가 은유적으로 구조화되고, 따라서 언어가 은유적으로 구조화된다." [22]

개념을 구조화하는 '구조적 은유'는 우리가 설명하기 어려운 어떤 개념들이 은유에 의해 구체적인 개념으로 인식되게끔 하는 과정을 보여준다. 따라서 이 관점의 은유는 특히 정신의 불명확한 영역들을 구체적인 영역으로 이해하게끔 한다는 점을 알 수 있다.

지향적 은유 Orientational Metaphors

레이코프와 존슨은 "어떤 개념을 다른 관점에서 구조화 하는 것이 아니라 상호 관련 속에서 개념들의 전체 체계를 조직화하는 은유적 개념"[23]을 제시한다. 그것은 위-아래, 안-밖, 앞-뒤, 접촉-분리, 깊음-얕음, 중심-주변 등과 같이 공간적 지향성과 관련된 '지향적 은유(orientational)'이다. 지향적 은유는 우리가 지금과 같은 몸을 가졌고, 현재와 같은 물리적 환경에 활동한다는 사실로부터 생겨나는 것을 말한다. "예를 들어 지향적 은유는 〈행복은 위, HAPPY IS UP〉에서처럼 어떤 개념에 공간적 지향성을 준다.

〈행복한〉이 〈위〉라는 방향이라는 사실은 “I'm feeling up today 나는 오늘 기분이 들떠 있다.”라는 영어 표현을 만들어낸다.” [24] 그렇기에 지향적 은유는 우리의 물리적, 문화적 경험에서 나온다. 이들이 말하는 ‘지향적 은유’의 예들은 다음과 같다.

“〈 HAPPY IS UP ; SAD IS DOWN
행복은 위 / 슬픔은 아래 〉

I'm feeling up
나는 기분이 들떠 있다.
You're in high spirits.
너는 사기가 높다.
I'm feeling down.
나는 기분이 가라앉아 있다.
I fell into a depression.
나는 우울증에 빠져들었다.

〈 CONSCIOUS IS UP ; UNCONSCIOUS IS DOWN
의식은 위 / 무의식은 아래 〉

Get up.
일어나라.
He rises early in the morning.
그는 아침 일찍 일어난다.

He fell asleep.
그는 잠에 빠졌다.
He sank into a coma.
그는 혼수상태에 빠졌다.

〈 HEALTH AND LIFE ARE UP ; SICKNESS AND DEATH ARE DOWN
건강과 삶은 위 / 아픔과 죽음은 아래〉

He' s at the peak of health.
그는 건강이 절정에 있다.
She rose from the dead.
그녀는 죽음으로부터 깨어났다.
He came down with the flu.
그는 독감으로 쓰러졌다.
He dropped dead.
그는 갑자기 쓰러져 죽었다.

〈 MORE IS UP ; LESS IS DOWN
많음은 위 / 적음은 아래 〉

The number of books printed each year keeps going up.
연간 출판되는 책의 숫자가 계속 증가한다.
My income rose last year.

지난 해 내 소득이 늘어났다.
The number of errors he made is incredibly low.
그는 믿을 수 없을 정도로 실수가 적다." [25)]

이상의 표현들을 살펴보면 모두 우리의 체험에서 나온 것임을 알 수 있다. "〈위〉는 행복, 건강, 〈아래〉는 슬픔, 아픔, 죽음"은 우리가 일어서고 앉고, 눕는 직립보행을 하는 인간이기에 경험할 수 있는 것이다. 우리는 건강할 때 서고 걸을 수 있고, 또 아플 땐 누워 있어야 하거나 슬픔이나 절망으로 타격을 입을 땐 주저앉거나 움직임이 줄어드는 걸 경험한다. 이를 아기의 성장과정에서 생각해보면, 갓 태어난 아기는 누워서 세상을 올려다본다. 아기는 젖, 엄마, 다른 사람의 손길이나 피부 감촉 등과 같이 위에서 나타나는 것들을 경험한다. 이것은 만족감, 따뜻함, 안락함과 같은 정동으로 이어진다. 반면 배고픔, 나타나지 않는 젖과 엄마, 배변, 불쾌한 감촉은 위가 아기에게 무력감, 슬픔, 격노와 같은 압도되는 정동으로 경험하게 한다. 따라서 아주 이른 초기부터 인간은 '위, (그리고 상대적인) 아래'의 지향적 은유 개념을 형성할 수 있다. 한편 위의 표현에서 "〈많음〉은 위"는 '크다'나 물건이 쌓여갈 때 많아진다는 다른 경험적 근거를 갖는다.

이렇듯 경험에 의해 형성된 '위'란 개념은 행복, 건강, 많음과 같은 다른 개념의 이해에 근거가 된다. 레이코프와 존슨은 "개념 '위'는 이 모든 은유 속에서 동일하지만, 이러한 '위' 은유의 근거가 되는 경험은 매우 다르다. 그것은 많은 다른 '위들 (UPs)'이 있다는 말이 아니라, 오히려 위-아래라는 수직성이 다양한 방식으로 우리의 경험에 들어옴으로써 다수의 상이한 은유를 만든다는 것이다." 그렇기에 이들은 "실제로 어떤 은유도 그 체험적 근거를 떠나서는 결코 이해될 수 없으며, 적절히 표현될 수조차 없다고 생각한다."[26] 라고 말한다.

존재론적 은유 Ontological Metaphors

하지만 이상의 신체적 경험에서 나온 공간 지향적 은유만으로는 대상이나 물질에 대한 경험의 보다 심오한 이해의 근거를 마련하긴 어렵다. 그렇기에 레이코프와 존슨은 '존재론적 은유'를 제시한다.

> "전형적으로 인간의 목적은 물리적 현상을 마치 우리 자신처럼 분리된 것, 즉 표면에 의해 경계 지어진 개체로 만들어 주는 인위적인 경계를 부과하도록 요구한다. 인간의 공간 지향성의 기본적 경험이 지향적 은유를 만들어 내는 것처럼 물리적 대상 (특히 우리 자신의 몸)에 대한 우리의 경험은 매우 광범위하고 다양한 존재론적 은유-즉 사건, 활동, 정서, 생각 등을 개체 또는 물질로 간주하는 방식인- 의 근거를 제공한다."

이들은 '인플레이션'을 그 예로 설명한다.

"〈 INFLATION IS AN ENTITY 인플레이션은 개체 〉

Inflation is lowing our standard of living.
인플레이션이 우리의 생활수준을 떨어뜨리고 있다.

If there' s much more inflation, we'll never survive.
만일 더 큰 인플레이션이 온다면, 우리는 결코 살아남지 못할 것이다.

Inflation is backing us into a coner.
인플레이션이 우리를 궁지에 밀어 넣고 있다." [28)]

"연방 준비 위원회가 지난 수년 동안 싸워 온 대상은 바로 이 디플레이션이다. 흔히들 알고 있는 연준의 역할 중 하나는 인플레이션을 적정 수준에서 관리하는 것이다. 그러나 이 기간 연준은 인플레이션을 잡는 것이 아니라 디플레이션 잡기 위해 노력해 왔다." [29)]

"영팔이 역시 작은 목소리로 뇌며 분노를 꿀컥 삼킨다."
"커다란 슬픔이 녹아내리다." [30)]

인플레이션이나 디스플레이션은 무정형의 현상이다. 하지만 우리는 이것을 마치 어떤 구체적인 대상처럼 정형화한다. 이것은 감정이나 정서에 대한 표현들에서도 잘 드러난다. 위의 예시이나 슬픔이나 분노는 물질로, 또는 크기를 가늠할 수 있는 양으로 표현된다.[31] 이에 대해 레이코프와 존슨은 "인플레이션을 한 개체로 보기 때문에 우리는 그것을 지시하고 (referring), 양화 (quantifying)하며, 그것의 특별한 양상을 식별하고, 아마도 심지어는 우리가 그것을 이해한다고 믿을 수 있게 된다." 고 말한다. 이러한 존재론적 은유는 광범위하기 때문에 은유적이라고 생각되지 않는다. 좀 더 이해하기 쉬운 다른 예로는 '마음'에 관한 예시들이 있다.

"〈THE MIND IS A MACHINE 마음은 기계〉

My mind just isn't operating today.
내 마음은 오늘 그저 돌아가지 않고 있다.

Boy, the wheels are turning now!
야, 이제야 머리가 돌아가는군.

We've been working on this problem all day and now we're running out of steam.
우리는 온 종일 이 문제에 매달려 있어서 이제는 맥이 빠져 가고 있다.

〈THE MIND IS A BRITTLE OBJECT 마음은 부서지기 쉬운 물건〉

Her ego is very fragile.
그녀의 자아는 매우 나약하다.

You have to handle him with care since his wife's death.
아내가 죽은 이후로 그를 조심스럽게 대해야 한다.

The experience shattered him.
그 경험이 그를 파멸시켰다." [32]

위와 같은 존재론적 은유는 영어표현뿐만 아니라 한국어 표현에서도 흔히 볼 수 있다. "머리를 쓰다.", "머리가 좋다.","머리를 굴리다.", "마음이 무너져 내리다." 은 "마음은 기계"나 "마음은 부서지기 쉬운 물건"과 같은 표현에 해당한다. 이 표현들은 마음에 관한 각각의 다른 측면을 보여주지만 모두 정서적 경험에 관한 표현들이다. 레이코프와 존슨은 "이러한 존재론적 은유가 우리의 사고 속에 매우 자연스럽게 산재되어 있어서 보통 정신 현상에 대한 자명하고 직접적인 기술로 여겨진다." [33]고 말한다. [34]

그릇 은유 Container Metaphors

한편 레이코프와 존슨은 이러한 존재론적 은유 중 좀 더 광범위하게 쓰이는 것이 '그릇 은유' 라고 말한다. '그릇 은유'는 우리가 피부 표면에 의해 경계 지어지고, 피부 밖의 세계를 우리의 밖에 있는 것으로 경험하기 때문에 나온 은유이다. “우리들 각각은 경계 짓는 표면과 안-밖 지향성을 지닌 하나의 그릇이다. 우리는 우리 자신의 안-밖 지향성을 표면에 의해 경계 지어지는 다른 물리적 대상에 투사한다. 그래서 우리는 다른 대상도 역시 그릇으로 간주한다.”[35] 그렇기에 방에서 나와 방으로 들어가는 것처럼 집이나 방을 하나의 그릇으로 본다. 그리고 이러한 지향성이 자연 환경에도 부과되어 ‘숲 안에 있거나(in)’라는 표현이나, 어떤 자연적인 물리적 경계가 없는 경우에도 담이나 울타리, 추상적인 선이나 평면 등으로 경계를 부과한다고 말한다. 예를 들어 ‘시야(visual field)’에서 ‘field’는 ‘들판, 지역’과 같은 영토의 의미가 있다. ‘시야’라는 단어 자체엔 이미 보이는 부분까지의 경계를 만든 것이 된다. 광활한 사막에 서 있다면 우리가 볼 수 있는 시야까지가 경계가 되어, ‘사막이 우리 눈에 들어 왔다’ 와 같은 표현을 만든다. 경계 지어진 공간이 그릇이 되는 ‘시야는 그릇’이라는 은유적 개념이 되는 것이다. 이것은 사건이나 행동, 활동, 상태 등에도 적용된다. 이들이 제시한 몇 가지 예들을 보면 다음과 같다.

“There’s a lot of land in Kansas
캔사스 안에는 많은 땅이 있다.” (땅이 그릇)

“I have him in sight. 그가 내 시야 안에 있다.”
(시야는 그릇)

“Are you in the race on Sunday?

일요일 경주에 참가하니?" (경주는 그릇)

"He's immersed in washing the windows right now.
그는 지금 유리창 닦는 일에 몰두 하고 있다."
(활동은 그릇)

"He's in love. 그는 사랑에 빠져 있다." (상태는 그릇) [36]

위의 표현에서 경주나 사건, 활동, 상태는 하나의 물질이나 물건인 독립된 개체로 간주되고 있다. 이것은 '몰두하다'나 '빠지다.'와 같이 사용되는 한국어 표현에서도 비슷하게 나타난다.

환유와 제유

위에 제시된 예들에서 한 가지 볼 수 있는 점은 사람이 아닌 것을 사람처럼 표현하는 의인화의 경향을 볼 수 있다. 위에서 "인플레이션이 우리를 궁지로 몰아넣고" 이나 "그 경험이 그를 파멸시켰다." 등의 표현에서 은유는 추상적인 것을 우리가 사람처럼 이해할 수 있는 구체적인 대상으로 바꾸어 준다. 레이코프와 존슨은 이러한 의인화가 "존재론적 은유의 확장"이며 "우리로 하여금 인간적 표현, 즉 우리 자신의 동기나 목적, 행동, 특성에 근거해서 우리가 이해할 수 있는 표현으로서 세계의 현상을 이해할 수 있게 한다."[37]고 말한다. 그러면서 레이코프와 존슨은 의인화와 더불어 환유(metonymy) 그리고 이 환유에 포함되는 제유 (synecdoche)

에 대해서도 언급한다.[38] 환유는 "그는 고흐(=고흐의 그림)를 좋아한다."에서처럼 어떤 개체를 지시하기 위해 그와 관련된 다른 개체를 사용하는 것이다. 또 제유는 "그 대학에는 우수한 두뇌 (=총명한 사람)가 많다."에서처럼 부분으로 전체를 대신하는 것이다. 두 경우 모두 한 개체가 다른 개체를 나타내기 위해 사용된다.

이상의 의인화, 환유나 제유는 수사학적 관점과 크게 다르지 않은 듯 보인다. 앞서 은유에 대한 설명은 우리가 은유적이라고 느끼지 않을 만큼 많은 부분에서 은유적인 사고를 한다는 것을 알 수 있었다. 이것에 대해 레이코프와 존슨은 은유가 말, 언어의 문제가 아니라 우리가 사고하고 말하고 행동하는 방식이라고 말한다. 이들은 피카소의 그림을 예로 들어 설명한다. 즉, 우리가 피카소의 그림 (a Picasso)을 생각할 때, 한 점의 그림만을 떠올리는 것이 아니라 인간 피카소나 그의 역할, 그림과의 관계, 그에 대한 존경심 등등의 연상 속에서 그의 그림을 생각하게 되는데, 환유나 제유가 우리의 행동과 사고에 영향을 미치는 방식이라는 것이다. 우리가 누군가에 대해 생각할 때 그의 얼굴을 떠올리는 것(얼굴이 그 사람을 대신함)이나 종교적인 상징물에 대한 우리의 태도나 생각 등도 환유를 통해 대상을 개념화는 방식을 보여주는 것이라 할 수 있다.

정서적 경험과 은유

한 가지 더 생각해 볼 것은 정서적 경험은 어떤 식으로 은유화 되는지에 대해서도 생각해 볼 필요가 있다. 앞서 인간의 직립 보행과 같은 물리적 경험이 위-아래와 같은 공간적 개념을 만들고, 이것이 다시 공간 지향적 은유, 행복은 위와 같은 은유의 토대가 된다고 한 바 있다. 이것은 신체적 경험에 의해서 만들어진 은유적 개념이다. 그렇다면 앞서 위-아래의 예시에서 초기 유아가 경험하는 쾌, 불쾌와 같은 정서적 경험은 어떠한 은유적 개념이 되는가 하는 것이다. 이것에 대해 레이코프와 존슨은 정서적 경험과 신체적 경험 사이의 체계적인 상관성이 있다고 설명한다. 이러한 상관성은 공간을 묘사하는 개념 구조는 우리의 지각 운동 경험으로 가능하지만, 정서를 묘사하는 개념 구조가 우리의 정서 기능에서 생겨나지 않는 것에서 나온다고 말한다.

> "(행복과 같은) 감정과 (직립 자세와 같은) 감각 운동 사이에서는 체계적인 상관성이 있기 때문에 이것이 (행복은 위와 같은) 지향적 은유 개념의 근거를 이룬다. 그런 은유를 통해서 우리는 우리의 감정을 보다 명확히 규정된 용어로 개념화할 수 있으며, 또한 그 감정을 일반적인 복지와 관련된 다른 개념들 (건강, 생명, 통제 등)에 연결할 수 있게 된다."[39]

이것이 의미하는 바는 쾌, 불쾌와 같은 정서적 경험을 보다 명확히 구체화된 정서(예를 들어 행복과 같은) 개념을 만들기 위해서는, 감각 운동 기능이 위–아래와 같은 공간 개념을 만들고, 이것이 다시 행복이란 개념을 은유적으로 빗어 사용할 수 있는 개념으로 사용된다는 것이다. 결국 신체적 경험과 정서적 경험 모두가 은유적 개념의 토대가 되고 불명확한 정서나 개념들을 이해하는데 사용되는 근거가 되는 셈이다.

이상으로 레이코프와 존슨이 제시한 은유들을 살펴보았다. 이것으로 개념적 은유론을 다 설명하긴 어렵다. 그렇지만 끝으로 레이코프와 존슨이 자신들의 은유론의 핵심적인 생각들이라고 한 부분을 참고해보면 이들의 이야기하는 개념적 은유에 대해 좀 더 이해할 수 있을 것이다.

" 근본적으로 은유는 그 본성이 개념적이며, 은유적 언어는 이차적이다.

개념적 은유는 일상적 경험에 토대를 두고 있다.

추상적 사고는 전부는 아니지만 대부분 은유적이다.

은유적 사고는 불가피하고, 편재하며, 대부분 무의식적이다.

추상적 개념은 문자적 핵심을 가지고 있지만 은유들에 의해, 흔히 다수의 상호 모순적인 은유들에 의해 확장된다.

추상적 개념은 은유 없이는 완전하지 않다. 예를 들어 사랑은 마법, 매력, 미침, 결합, 양육 등에 대한 은유가 없이는 사랑이 아니다.

개념에 관한 사유에서 사용되는 은유들이 모순적일 수 있기 때문에 우리의 개념체계는 완전히 일관성이 있는 것은 아니다.

우리는 은유를 통해 도출하는 추론에 근거해서 삶을 살아간다." [40]

소결

레이코프와 존슨이 이야기 했던 은유들을 정리해보면, '구조적 은유'는 정신의 한 영역을 다른 정신의 영역의 측면에서 개념화 하는 것이다. 이것은 우리의 정신이 근본적으로 은유적이라는 점을 말해 준다. '지향적 은유'는 우리가 지금과 같은 몸을 가졌고, 현재와 같은 물리적 환경에 활동하기에, 위-아래와 같은 개념이 생겼고, 이것이 다른 개념들을 이해하는데 적용되는 은유이다. '존재론적 은유'는 사건이나 활동, 상태 등을 이해하기 위해 가늠할 수 있는 구체적인 대상으로 그것들은 이해하는데서 나왔다. '그릇 은유'는 우리가 피부를 경계를 안과 밖을 나누기에 경계가 없는 영역에도 경계가 있는 것처럼 인식하는 것에서 나온다. 이렇게 볼 때 우리는 지금과 같이 태어났기에, 우리가 이러한 몸을 가지고 있기에, 지금과 같은 환경에서 살기에, 은유적으로 사고할 밖에 없다는 것이고, 우리는 우리와 비슷한, 우리가 우리를 아는 것과 같은 방식으로 세상을 보고, 구분 짓고, 이해하려 한다는 것이다. 그렇기에 경계를 지을 수 없고, 추상적이고, 설명하기 어려운 것들을 우리가 아는 경험적인 것들의 측면에서 사고하는 것이다.

레이코프와 존슨는 가진 한 정신영역을 다른 정신영역의 측면으로 이해하는 것이 은유라는 점은 정신분석의 여러 개념들이나 현상들을 은유의 측면으로 설명할 수 있게끔 했다. 예를 들어 불안과 같은 모호한 정서적 측면이 신체와 같은 구체적으로 경험할 수 있는 측면에서 이해될 수 있다는 점이다. 이것은 기존의 수사학적 은유로는 명쾌하게 설명될 수 없는 지점이기도 하다.

한편 몸의 경험, 지금과 같은 신체를 가짐으로 은유적 사고를 할 수 밖에 없다는 설명은 정신분석의 신체로부터 정신이 나온다는 인간발달 이론들과 접점의 지점이 된다. 이것은 정신분석이 레이코프와 존슨의 은유에 영향을 받았다는 것이 아니다. 다만 프로이트 이 후 정신분석에서 논의 되어 왔던 여러 개념이나 이론들이 좀 더 넓은 개념의 은유적 측면에서 해석될 수 있다는 것이 될 것이다. 이 후의 논의들에서 정신분석에서 은유가 어떻게 논의 되고 있는지를 살펴볼 것이다.

Ⅲ. 정신분석과 은유

1. 정신분석에서의 은유의 사용

안탈 F. 보베리

(1) 은유에 대한 5가지 정신분석적 접근

안탈 F. 보베리 (Antal F. Borbely) [41]는 은유가 궁극적으로 정신분석에 의해 가장 잘 탐구되어질 수 있다고 말한다. 그는 은유에 대한 정신분석적 접근에 대해 5가지의 의견을 내놓는다.

> "1) 정신 기능이 변화에 직면할 때 은유적인 창의성을 요구한다. 2) 외상은 은유적 과정들의 저하를 가져온다. 3) 해석은 피분석자의 손상된 은유적 능력을 재건하기 위해 분석가와 피분석자 안에서의 은유적 과정이 사용된다. 4) 정신의 일차과정과 이차과정은 은유적 과정에 대한 정신분석적 개념이다. 5) 각각의 정신분석 학파들의 이론의 근저에는 그 자체의 전형적인 은유들을 사용한다." [43]

그는 은유적 과정들이 이전의 신경 역동들에 의해 억압되었던 창조성 (creativity)과 반응성 (responsiveness)을 회복하는데 필수적인 요건으로 보았다. 따라서 분석가는 피분석자의 초기 상태 (in statu nascendi)의 은유들을 관찰하고, 그의 변화를 위해 은유를 사용해야 한다는 말한다. 그러기 위해 보베리는 고전적인 언어적 개념으로의 은유보다 더 확장된 은유의 개념을 사용한다.

(2) 과거의 영역과 현재의 영역을 연결하는 은유

그는 과거와 현재 사이의 긴장이란 측면에서 정신 역동의 복잡함을 은유적 과정의 일부로 보았다. 이 정신 역동의 복잡함에는 언어적 요소는 물론 비언어적 요소 (감정, 욕망) 그리고 의식적 요소들과 억압된 요소들이 포함되며 이전의 비정신분석적 이론가들에 의해 다 표현하지 못한 것들까지 포함된다고 보았다.

특히 그가 강조하는 바는 과거 영역과 현재 영역 사이의 은유적인 연결이다. 앞서 레이코프와 존슨은 은유적 개념이 한 종류의 경험을 다른 종류의 경험의 관점에서 구조화하는 것이라고 한 바 있다. 보베리는 이것을 '시간적으로 다른 측면의 관점에서' 라고 보는데, 그런 의미에서 과거와 현재는 은유의 두 부분이 되어, 현재는 과거의 측면에서 이해가 되고, 과거는 현재의 측면에서 이해가 된다고 보았다. 분석가는 저항을 찾기 위해 피분석자가 보이는 현재의 전이 패턴에서 피분석자의 초기 경험으로 이동하는데, 이렇게 현재의 사건이 과거의 경험적 측면에서 이해되는 것을 은유적이라고 보는 것이다.

(3) 언어적 은유 개념과 동일한 정신분석의 개념들

보베리는 고전적인 언어적 은유 개념에 동일하게 적용할 수 있는 정신분석적 은유 개념을 찾는다. 그는 은유가 말의 연결만이 아니라 그 말들이 속한 영역이나 시스템의 연결에 있다고 보았다. 그리고 이전에 연결되지 않았던 은유의 두 영역이 은유적 해석 과정을 거치면서 각자의 개념적 변화들에 상호적으로 영향을 끼친다는 언어학적 측면의 은유의 상호작용이론[44]을 예를 들면서, 이를 정신분석의 임상 상황과 연결 짓는다. 정신분석의 임상에서 해석과 통찰은 피분석자의 과거 관계나 사건에 대한 이해를 증가시켜 피분석자로 하여금 현재의 어려운 문제에 다시 접근하게 한다. 보베리는 이렇게 해석을 통해 과거와 현재가 연결되고 서로의 의미를 변화시키는 과정이 은유의 상호작용의 과정과 동일한 것으로 보았다.

또 고전적인 은유개념에서 하나의 영역에서 다른 영역으로 의미가 변형되거나 전이되는 것을 정신분석에서의 '전이'로, 또 '심장'과 '펌프'와 같이 두 단어 혹은 두 영역이 유사한 형태로 이해되는 비유로서의 은유는 정신분석에서의 '반복강박 (repetition compulsion)'과 동일한 것으로 설명한다. '전이'는 초기 유아기 대상과의 관계에서 형성된 느낌, 사고, 행동 유형이 현재 맺고 있는 다른 사람들과의 관계에서 재현되는 것이다. 정신분석 상황에서 피분석자는 과거 주요 인물과의 대상 경험을 분석가에게로 전이하므로 분석가는 피분석자가 경험했던 과거의 주요 인물로 나타날 수 있다. 또 '반복강박'은 괴롭고 고통스러운 과거 상황을 반복하고자 하는 강박적인 충동을 가리킨다. 이것은 아동 분석 상황에서 아동이 경험한 외상적 사건들을 놀이를 통해 반복하거나, 외상적인 사건을 악몽을 통해 반복하는 것, 정신분석 치료 상황에서 피분석자가 아동기의 갈등을 재연하는 것 등이 된다.[45] 보베리는 정신분석에서 분석가가 피분석자의 과거 인물로 전치되고, 과거의 경험이 현재의 경험과 비유적으로 연결되는 점들을 고전적인 은유 개념들과 동일한 것이라고 설명한다.

안나 마리아 리주토

(1) 반복 강박에 대한 은유적 이해

보베리가 말한 현재의 사건이 과거의 경험적 측면에서 이해되고, 과거의 고통스러운 상황을 반복하고자 하는 충동인 '반복 강박' 이 은유적 과정을 거쳐 재현될 수 있다는 것은 안나 마리아 리주토 (Ana-Maria Rizzuto)[46]의 논문을 통해 좀 더 세부적으로 이해할 수 있다.

리주토는 세상과 다른 사람들과 상호 작용에서의 정동적 경험들과 신체적 감각들은 개인적인 의미들과 은유적인 과정들로 주관적으로 조직된다고 본다. 즉 세상과 사람들과의 관계의 정서적 경험과 신체적 감각이 개인적인 의미와 은유적인 과정들로 주관적으로 해석된다는 것이다.

그녀의 말에 의하면, 무의식적 정신 과정이 모두 의식으로 떠오르는 것이 아니며, 무의식은 개인이 경험하는 외적 현실과 사건, 그리고 내적, 신체적 경험들을 복잡하고 다각적으로 끊임없이 조직화한다. 따라서 우리가 진짜 현실이라고 인식하는 현실은 이 무의식적인 정신 과정에 의해 조정된 각 개인의 주관적인 현실이 된다. 그렇기에 이 주관적 현실은 개인의 삶에서 누적되어 온 것들의 결과물이면서 그 개인만의 경험적인 현실이 된다. 그리고 이 주관적 현실을 구성하는 핵심적인 요소들은 존재의 핵심이나 개인의 정체성과 관련되며, 신체적 경험을 중심으로 조직화되거나 빈번한 느낌, 되풀이되는 이미저리나 환상들, 반복되는 사고나 역사적 순간과 관련된 기억들을 통해 의식적으로 표현된다. 이 말은 개인의 주관적 현실의 가장 중심엔 존재의 핵심, 자기 정체성이 있고, 이것은 의식에 직접 떠오르는 것이 아니라 무의식적 과정들에 의해 조작되어 신체적 경험, 느낌, 이미저리 (imagery)나 환상들, 반복적 사고나 기억 등을 통해 자각된다는 것이다. 즉 우리가 갖는 느낌, 환상들, 반복적인 사고나 어떤 사건의 기억들은 자기 정체성의 무의식적 표현물이란 것이다. 이런 이유는 보베리는 우리가 자신이나 대상, 세상에 대해 은유적 표현의 가능성을 갖게 된다고 말한다. 이것은 반대로 우리가 현실을 선택적으로 경험하거나 은유적인 포장이 가능하다는 의미가 되기도 한다.

리주토는 어떤 경험이 있다 할 때, 그 경험을 구성하는 모든 요소들이 다 의식화될 가능성은 없으며, 때론 어떤 하나의 요소만 두드러지고 의식적으로 기억되며, 그것의 어떤 한 측면으로 전체적인 사건을 조직화한다. 그리고 이 경험의 특정한 요소가 역동적으로 중요해지고 은유적 과정을 만드는 재료가 된다고 말한다.[48] 그러면서 저자는 프로이트의 "Non vixit" 꿈에 얽혀있던 경험을 예로 든다.

(2) 현실의 주관적 해석에 대한 사례 : 프로이트의 "Non vixit" 꿈

이 꿈에서 프로이트는 친구 F1에게 이미 고인이 된 친구 P가 이 세상 사람이 아니라고 말하려 했지만 막상 나온 말이 "Non vixit"(살아 있지 않았다)이라서 스스로도 잘못이라 깨닫는다.

> "그런 다음 나는 날카롭게 P를 응시한다. 내 시선을 받은 그는 창백해지면서 모습이 희미해지고, 그의 눈은 병적으로 푸른색을 띤다. 그러더니 마침내 해체되어 사라져 버린다."

이 꿈에 대해 프로이트는 이어서 다음과 같이 말한다.

"꿈의 중심은 내가 시선으로 P를 분쇄시키는 장면이다. 그의 눈이 기이하고 무시무시하게 푸른색을 띠면서, 그는 해체되어 버린다. 이 장면은 실제로 체험한 사건을 본뜬 것이 분명하다. 생리학 연구소의 실험관으로 근무하던 시절 내 근무 시간은 이른 아침이었다. 브뤼케 교수는 내가 학생들의 실험에 몇 번 지각한 것을 알고 있었으며, 그래서 한번은 정확하게 문 여는 시간에 와서 나를 기다렸다. 그가 내게 한 말은 단호한 몇 마디였지만, 중요한 것은 결코 말이 아니었다. 나를 바라보는 무서운 푸른 눈이 단연 압도적이었다. 그 눈앞에서 나는 꿈의 P처럼 흔적 없이 사라지는 것 같았다. 다행히도 꿈에서는 역할이 뒤바뀌어 있다."[49]

프로이트가 실제 경험한 사건은 그가 지각을 하여 브뤼케 교수가 화가 났던 것이다. 여기서 프로이트의 느낌, 환상들, 이전의 기억들은 이 사건에 주관적인 해석을 가한다. 즉 교수의 푸른 눈의 시선이 나를 흔적도 없이 사라지게 할 것 같다는 것이다. 이것은 그만의 주관적 현실이다. 이 푸른 눈의 시선은 은유적 과정을 만드는 데 중요한 소스가 되어 이것을 중심으로 재편된 이야기인 꿈을 만든다. 꿈은 은유적 과정의 결과물이다. 리주토는 과정들에 대해 다음과 같이 이야기한다.

"나는 그 순간의 어떤 강렬한 정동적 요소에서의 이러한 전경적/배경적 선택이 은유의 형성에 중심이라고 믿는다. 개인적 경험에서 전경적 요소는 은유적 과정들의 소스가 되고, 배경적 요소들은 은유적 과정이나 언어적 은유의 핵심적인 정동적 요소를 가리키는 연상 내용들로 자주 나타난다. 경험 욕구 (an experience needs) 의 핵심적인 요소는 의식되지 않는다. 그것이 발생한 그 순간에 억압되어질 수 있다. 그리고 나중에 은유적 과정, 전이, 연상적 연결, 혹은 언어적 은유로 일어나 되돌아온다."[50]

그러면서 이러한 은유적 행동엔 세계나 다른 사람과의 관계에 대한 정교한 정동적 인지적 이해가 들어 있다고 말한다. 이 말은 과거의 경험에서 어떤 요소만 의식에서 선택될 수 있고, 나머진 억압되며, 그것이 주관적 해석이 들어간 은유적 과정을 거쳐 현재의 어떤 요소들로 되돌아 올 수 있다는 것이다.

이 논문의 한 사례에서 어떤 여성은 존경하고 매우 이상화하는 아버지와 많은 공통점을 가진 남자와 결혼했다. 십대였을 때 그녀는 부모에게 반항했고, 엄마에겐 공공연하게 거짓말을 했었는데, 화가 난 아버지는 처음으로 그녀를 때렸다. 이것은 그녀의 삶에서 유일한 순간이었다. 45년 후에, 그녀는 남편과 처음이자 유일한 중요한 의견 충돌을 가졌다. 정동은 그녀가 매우 고통스런 창피의 반복을 원하게끔 촉발시킨 남편에 대한 부모 전이와 연결되었다. 그녀가 아버지를 싫어했던 과거와 역동적으로 유사한 정동 경험은 환자가 남편에게 화가 났던 그 순간, 은유적인 행동으로 그녀에게 되돌아 왔다. 현재의 어떠한 사건이 과거의 정동을 일깨우면서 과거의 사건을 현재에서 되풀이 하게끔 한다는 것이다. 현재의 사건을 과거의 사건의 측면에서 이해하고 그 경험을 되풀이하는 반복강박을 은유의 측면에서 이해할 수 있게 되는 지점이 된다.

아놀드 H. 모델

(1) 생물학적 특성의 표현인 은유와 거울 뉴런

아놀드 H. 모델 (Arnold H. Modell) [51] 은 언어가 뇌의 인지 능력을 이용한다는 점에서 은유가 근본적으로 생물학적 특성의 표현이라는 점에 주목한다. 그는 과거 언어학자나 철학자가 인지하지 못했던 지점이 은유가 근본적으로 언어에 의해 부차적으로 부가된 신경생리학적인 과정의 표현이라는 점이고, 이를 레이코프와 존슨의 은유 개념[52] 이 증명해준다고 말한다. 모델은 은유가 아직 구체화되지 않은 무의식의 표현으로서의 신경 과정이고, 은유의 기원이 되는 소스가 신체로부터 나온 감정과 감각들이라고 하는데, 이를 어린 아이들이 그들의 신체적 감각과 감정을 은유적 개념으로 구체화한다는 것으로 설명한다. 즉 아이들이 항문과 같은 신체적 구멍과 관련된 리비도적 감각들을 똥, 오줌, 아기, 페니스와 같이 동등한 의미를 지닌 것들로 표현하며 이것이 환상의 소스가 된다는 것이다. 이 과정에서 은유는 신체 감각들이 다른 사물로 변형되어 환상 창조를 위한 판형으로 사용된다.

또한 모델은 신체적 움직임과 행동이 은유적일 수 있으며, 이러한 은유적 행동들이 언어 이전의 원시적 의사소통의 수단이 된다는 것에도 주목한다. 이것을 뒷받침해주는 것이 '거울 뉴런(mirror neurons)'의 발견이라는 것이다. 거울 뉴런은 이탈리아 신경심리학자인 지아코모 리촐라티 (Giacomo Rizzolatti)가 발견한 것으로 이것은 우리가 관찰 혹은 다른 간접 경험만으로도 마치 내가 그 일을 직접 하고 있는 것처럼 반응하게끔 하는 뉴런을 말한다. "이것은 인간이 사회적 존재이기 때문에 진화된 것으로 다른 사람이 느끼는 것을 내가 경험하는 것처럼 하는 공감능력과 다른 사람의 행동을 통해 그의 의도를 파악하는 능력이 된다." [53] 모델은 이것을 통해 다른 사람의 은유적 행동이나 신체적 언어를 즉각적으로 이해할 수 있다고 하면서, 정신분석 상황에선 분석가가 상담실에 들어오고 카우치를 사용하는 피분석자의 신체적 움직임에 담긴 은유들에 대응하는 것이 된다고 말한다.

(2) 외상적 상황에서의 은유의 기능

한편 모델은 은유적 과정들이 꿈꾸기와 유사하며, 우리가 깨어있는 동안이 일어난다고 하면서 이것은 프로이트가 말한 "모든 정신 과정은 대부분 무의식적이라는 생각"과도 맞닿아 있다고 말한다.

우리가 은유를 통해 무의식적으로 우리의 정서적 세계(affective world)를 해석하고, 은유와 자전적인 기억을 통해 우리의 감정들을 목록화하고 해석한다는 것이다. 이러한 은유의 무의식적인 기능은 영역들의 다양성 안에서 유사성과 차이성을 알아보는 패턴 탐색기가 된다고 한다.

> "외상적 기억이 활성화될 때 은유는 오직 유사성들만을 알아본다. 하지만 안전한 환경이 되면 인식 모드는 전환되고 정서적 기억은 유사성과 차이성을 알아내는 은유의 역할을 일깨우며 의미는 확장된다. 나는 은유가 정서적 기억을 목록화하는 조직화된 형판(template) 이라고 생각한다. … 감정적 목록화의 형성을 위해서, 무의식적인 은유 과정들은 유사성과 차이성의 다양한 패턴들을 알아낸다. 건강한 상태에서, 은유는 그것의 복잡함을 유지하고, 다양한 의미들을 만들어낸다. 외상적 기억을 해석할 때에 은유는 유사성과 차이성을 찾는 역할을 상실하고 경직되고 한결같고, 단지 유사성만을 알아낸다." [54)]

여기서 외상적 상황에서 은유가 유사성과 차이성을 찾지 못하고 오직 유사성만을 구분한다는 것은 어떤 것인지 생각해 보자. 앞서 언어적 측면에서의 은유 개념에서 은유는 이질적인 것에서 유사성을 찾는 것이라고 한 바 있다. 대표적인 은유로 자주 소개되는 김동명 시인의 시 "내 마음은 호수요"의 한 구절인 "내 마음은 호수요 / 그대 노 저어 오오 / 나는 그대의 흰 그림자를 안고 /

옥같이 그대의 뱃전에 부서리지다"에서 '마음'은 정신에 관한 것이고, 호수는 자연물이지만, 시인은 시적 상상력을 통해 마음과 호수의 중요한 유사성을 찾아낸다. 그리고 단순히 '마음=호수'가 아니라 '마음'과 '호수' 이상의 새로운 의미로 확장되는 경험을 만들어낸다. 이러한 경험은 이 둘이 서로 완전히 다름을 아는 차이성이 전제로 될 때 더 강렬한 것이 된다. 이를 모델의 사례와 비교하여 볼 수 있다.

> "정신과 의사인 한 남성은 환자를 다루는 것은 편안해 했고 특히 정신증 환자에 대해선 더 능숙하게 대처했지만, 자신의 아내의 히스테리컬한 비이성적인 행동에 대해선 공황상태가 되거나 제대로 대처하지 못했다. 분석에서 그는 2,3살 때 어머니의 자연유산을 목격했으며 그녀가 시도 때도 없이 히스테리컬하고 산만했다는 것을 기억해냈다. 그는 그의 어머니가 이해할 수 없게 미친 것 같았다고 떠올렸다." [55]

아내의 이해할 수 없는 비이성적인 행동은 현재의 인식과 과거의 기억이 혼합되는 무의식적인 은유 과정을 촉발시켰다. 어린 시절 사건의 의미가 현재로 전이 되면서 그의 아내와 어머니는 은유적인 일치를 갖게 된 것이다. 하지만 외상적 상황에서 은유의 기능이 제대로 작동하지 못하면서 과거와 현재 사이의 최소한의 유사성만 남았고, 유추의 과정과 둘 간을 구분 짓는 차이성은 지워졌다. 모델은 외상 상황에서 환유가 은유의 창의적인 확장을 방해한다고 말한다.[56] 이것은 인접성이나 인과 관계의 고리로만 연결되는 환유의 특성으로 인해 은유의 다의적인 확장이 방해받는다는 의미일 것이다. 모델의 사례에서 남성 환자는 과거와 현재의 연결고리 중 '히스테리컬한 여성'이라는 최소한의 유사성만 남겨두었다. "비유는 자칫 혼란스럽고 무질서한 삶에 질서와 조화를 가져다준다. 언뜻 서로 어울리지 않는 것 같은 아주 이질적인 것에서 조화와 균형을 찾아내는, 그야말로 마술적 힘을 지닌다."[57] 모델의 사례에서 남성의 불안은 조화와 균형을 잃은 체 혼란과 무질서함에서 비롯된 셈이다.

제이콥 A. 알로우

(1) 정신분석 상황의 '말하기' 와 '듣기' 의 은유적 특징

제이콥 A. 알로우 (Jacob A. Arlow)[58]는 정신분석의 중요한 기술적 특징인 '말하기'를 은유적 측면에서 설명한다. 분석이 시작되면 분석가는 피분석자가 그의 경험, 사건, 정서를 말하도록 유도한다. 치료적 상호작용은 이 피분석자의 말하기와 분석가의 듣기라는 기본적인 틀을 통해 이루어진다. 하지만 정신분석에서의 '말하기와 듣기'는 일반적인 상황에서의 '말하기와 듣기'와는 구별이 된다. 일반적인 대화에서 말하기는 말하는 사람이 자신의 생각과 감정을 표현하는 기능 이외에 듣는 사람의 반응, 행동을 이끌어내기 위한 기능도 포함한다. 정신분석에서는 이 듣는 사람의 반응을 이끌어내려는 말하기 기능은 축소된다. 정신분석 상황에서 분석가는 피분석자로 하여금 생각에 떠오른 것은 무엇이든 이야기하라고 한다. 따라서 피분석자는 이야기하고 분석가는 주로 듣는, 상대적으로 한 방향으로 흐르게끔 되는 대화의 방식을 갖는다. 분석가는 이러한 의사소통의 방식 안에서 환자를 이해하기 위한 반응을 이끌어내고 분석한다. 알로우는 이러한 구조들이 무의식적인 파생물의 출현을 용이하게 한다고 보았다. 그러면서 말하는 사람이 전달하고 있는 것뿐만 아니라 듣는 사람의 듣는 기능도 함께 강조된다고 본다. 프로이트가 분석가는 그들에게 전달되는 중요한 메시지를 들을 뿐 아니라 말하고 있는 사람조차 알지 못하는 감추어진 것 또한 들어야 한다고 했다. 따라서 이러한 분석 상황에서 분석가는 그 안에 숨겨진 메시지와 그것이 나타내는 것을 이해해야 한다. 이러한 맥락에서 알로우는 분석가의 듣기 기능을 다음과 같이 강조한다.

> "분석가는 환자가 한 말 그 자체에 포함된 것을 넘어서는 의사소통의 의미를 수용할 준비가 되어 있어야 한다. 그것은 환자가 말한 것의 문자적, 언어적 의미를 넘어서는 것이다. 그런 이유로 분석가의 듣기는 환자가 무슨 말을 하는지, 그것이 언제, 어떻게 이야기 되는지, 그리고 말하는 것이 담고 있는 내용물은 무엇인지, 또 말하여지지 않는 것은 무엇인지와 같은 환자의 말하기의 다양한 측면에 정교하게 예민

해져야 한다. 이것은 환자가 사용하는 목소리의 질, 감정적인 톤뿐만 아니라 그의 언어에서 사용되는 비유적인 구성물도 포함한다."[59]

그렇다면 환자의 말하기는 어째서 은유적인 성격을 띠게 되는 것인지도 생각해 볼 필요가 있다. 우선 알로우는 은유가 사고의 완벽한 표현이 불충분한 말의 저장고 (the stock of words) 가 발달하는 지점에서 유래하며, 인간의 사고 안에서 경험을 통합하고, 현실을 조직화하는 근본적인 방법이라고 본다. 우리가 안다고 생각하는 세상과 그것을 구성하는 의미들은 실제가 아니며 단어와 말에 의해 다양하게 각색되어 세계와 정신 안에 근접한 유사함으로 언어적, 정신적 규칙을 부여한다는 것이다. 따라서 말, 언어 자체는 필연적으로, 완벽한 표현이 아닌, 유사하게 표현될 수밖에 없는, 모호함[60]을 지니며, 은유적으로 현실을 해석할 수밖에 없다.

(2) 무의식적 환상의 파생물인 은유

알로우는 또한 은유가 환자의 무의식적인 환상의 파생물이란 점에도 주목한다. 그는 은유가 규칙적으로 무의식적 환상을 노출하고, 무의식적 환상의 전형적인 패턴을 이끌어낸다고 보았다. 그리고 이것은 전이 관계가 강렬할 때 환자의 전형적이 언어 스타

일 속에서 은유적 표현으로 절충되어 나타난다고 본다. 그렇기에 분석가에게 특별하게 감지되거나 전이되기 쉽다는 것이다. 이러한 상황들에서 피분석자와 분석가 모두는 은유적 표현을 사용하게 된다고 말한다.

> "은유는 환자를 불안의 내용으로부터 안전한 거리를 두게끔 하고, 또 그러한 거리의 필요성 때문에 환자는 은유를 사용한다. 그리고 분석가는 또한 특별한 은유적 표현을 사용함으로서 환자의 연상을 구체화하거나 자극한다. 이렇게 환자를 이해한 분석가는 근본적인 갈등의 해석 대신 환자가 사용한 은유적 표현들 안에서 해석하고, 그들 모두가 이해할 수 있는 은유로서 반응해야 된다." [61)]

분석가는 환자의 은유적 표현들에서 무의식적 환상의 성질을 파악하고, 은유로서 환자가 이해하게끔 해야 한다는 것이다. 따라서 분석가의 공감능력이 중요해지는데 이러한 능력에 대해 알로우는 "환자의 무의식적 생성물, 그것의 패턴들, 그 안의 내용물과 사건의 순서, 연속성, 형태에 의해 영향 받는 능력, 그리고 환자의 연상 안에 담긴 숨겨진 메시지에 자극받을 수 있는 능력" [62)] 이라고 말한다.

그는 사례를 통해서 환자가 은유적인 방법으로 세계를 경험하고 인지하는 예를 든다. 사례에서 환자는 말하기 속에서 은유적으로 표현되는 무의식적 환상을 보여준다.

"동성애적 소망으로 갈등하는 환자는 전이에서 그가 회기에 오던 길에, 가게 문을 동전으로 두드리던 배달원을 관찰했던 것을 보고했다.

"여기에 오던 길이었는데, 가게 문을 동전으로 두드리는 배달원을 보게 되었어요. 가게 문은 아직 열리지 않았는데, 그는 마치 누가 안에 있는 것처럼 가게 안을 들려다 보려 했었지요. 그 순간 난 그가 강제로 가게 안에 들어가려 한다는 걸 알았어요. 그런데 이런 생각이 들면서 항문에 강한 자극이 느껴졌고 그 순간 당신이 내 뒤에 있다는 생각이 들었어요."[63]

알로우에 의하면 환자는 힘 있는 권위자에게 강탈당하는 주제를 주된 무의식적 환상으로 가졌으며, 거기엔 강한 아버지 형상(a powerful father figure) 에 의해 항문 성교를 당하는 특별한 환상도 포함되어 있다고 말한다. "무의식적 환상에서 환자는 동성애적 관계에서 아버지를 거세하고 그럼으로 아주 강한 성적 능력을 획득했다. 강도, 강탈을 함의하는 강제 침입의 환상은 배변행위가 만족스럽지 못할 때 받았던 배변훈련, 좌약들, 장 움직임 등을 관찰했던 초기 경험들이 결정 요인이 된다." [64] 이러한 설명은 항문기적 특성을 보여준다.

물고 빨던 구강기를 지난 유아는 2-3살 무렵 항문기에 접어든다. 이 시기의 유아는 배설물로 더럽히지 말아야 한다는 청결과 규칙적인 배설에 대한 교육을 처음으로 받게 된다. 또 배설 과정에서 배설물(자기 창조물의 일부)을 참고 보유하는데서 오는 가학적 쾌감과 배설의 쾌감, 배설물이 피부에 닿는 뜨뜻한 좋은 느낌과 이후 더럽고 축축한 혐오적인 느낌, 배설물을 치워주고 씻겨주는 대상에 대한 사랑 등과 같은 복합적인 감정을 경험한다. 이전의 자기중심적 세계에 살던 자기애적 유아는 외부 대상들에 의한 통제와 규율을 받게 되면서 상처를 입지만, 복종에서 오는 칭찬과 성취감은 새로운 자기 만족감을 형성한다. 하지만 외부적 힘에 대한 무력감과 침범의 경험으로 그 근저엔 힘에 대한 동경, 반항, 복수심 같은 것도 있게 된다.[65] 또 외부적 힘에 대한 동성애적 환상도 생길 수 있다. 이러한 양가적 감정에서 "성애 /가학성, 배출 / 보유, 항문 기능 / 항문 산물 등의 양극성이 나타나며, 이것은 능동성 / 수동성, 남성성 / 여성성 등 양가성과 관련된 갈등을 발생시킨다."[66]

이 사례에서 강제 침입 환상, 동성애적 환상은 이와 같은 항문기적 특성에서 외부적 힘(아버지 형상)에 의해 통제, 침범의 경험에서 비롯된 것으로 볼 수 있다.

그렇다면 위 사례에서의 환자의 서술에서 무의식적 환상들은 어떻게 은유적으로 포장되었는지 찾아 볼 수 있다. 이 사례에서 환자가 실제로 경험한 사실은 가게 문을 두드리며 안을 기웃거리는 배달원을 본 것과 이 사건이 자극한 항문의 감각이다. 그가 본 것과 항문의 감각으로 이어진 과정 사이엔 환자의 환상이 들어 있다. 그것은 '강제 침입'이라는 환자의 해석이고, 강제 침입은 항문기에서 경험했던 통제, 침범의 경험이다. 현재의 사건이 연상시킨 불안과 항문의 감각으로 남아있는 과거의 경험은 강제 침입이라는 무의식적 환상에 의해 연결된다. 그렇다면 과거의 경험과 현재의 사건은 어떻게 은유적으로 연결될 수 있는지 찾아보자. 앞서 은유와 상징에 대한 설명에서 "집은 인간의 신체가 될 수 있다"고 한 바 있다. 사례에서 '가게'는 '신체'가 되고, '가게의 문'은 신체의 구멍이 된다. 피분석자는 항문의 감각을 느꼈다고 했으니 이 문은 '항문'이 될 수 있다. '강제로 침입하려는 배달원'은 '내 몸에 강제로 들어오려는 무엇 혹은 누군가'가 된다. 만약 이 배달원에게 피분석자의 외부적 힘에 대한 동경이 투사된다면, '강제로 침입하려는 배달원'은 피분석자가 되고, '가게'는 침범하고자 하는 '신체'가 된다. 또 항문을 들고 나는 것이 '똥'이라 할 때, '배달원'은 '똥'이 되고, 이것은 곧 보유하고자 하는 자기 소유물, 자신의 일부가 된다. 그리고 자신을 포함한 이 모든 상황을 지켜보는 또 다른 인물에 의해 감시받고 통제되는데, 그것은 분석가로 표현된 아버지의 형상이다. 그렇다면 가게 앞에서 벌어지는 사건과 경험들은 외부적인 힘에 의해 통제되는 무의식적 환상이 된다.

이러한 해석은 비록 가설일 수 있지만, 환자의 현재 사건에 대한 진술을 토대로 세워졌다. 환자는 단지 회기에 오던 경험을 이야기했다. 하지만 이 이야기는 환자의 무의식적인 환상, 불안, 현재와 과거의 경험의 은유적 표현이 된다. 한편으로 은유가 아닌 드러난 현상에 대한 다의적인 의미들이 숨겨져 있다는 점에서 상징이 될 수 있지만, 과거의 경험이 현재에서 되풀이되고, 과거의 측면에서 현재가 해석된다는 면에선 은유도 될 수 있다.

노만 레이더

(1) 개입으로서의 은유적 표현이 갖는 2가지 기능

앞서 어로우는 분석가는 근본적인 갈등의 직접적인 해석 대신 환자가 사용한 은유적 표현들 안에서 해석하고, 그들 모두가 이해할 수 있는 은유로서 반응해야 된다고 말한 바 있다. 그러기 위해선 분석가 역시 특별한 은유를 사용해야 된다는 것이다. 이 분석가가 사용해야 하는 은유적 표현이 갖는 기능에 대해선 노만 레이더(Norman Reider)의 설명에서 좀 더 살펴볼 수 있다.

노만 레이더는 그의 논문[67]에서 분석가의 은유적 표현이 환자의 억압을 푸는 구조적, 역동적인 요소들을 가지며, 은유적인 해석의 사용이 특별한 효과를 가진다고 설명한다. 그는 분석가의 은유적 표현의 해석이나 개입이 일종의 거리두기가 되어 환자로 하여금 객관적인 시각을 갖게 하고, 그 해석이나 개입에 피분석자가 선택적일 수 있는 사고의 자유를 줄 수 있다고 본다. "은유는 일차과정에 접근할 수 있는 꿈이나 놀이와 같다." 분석가의 은유적 표현의 해석이 피분석자 스스로가 마음속에서 활용 가능한 것

들을 만들 수 있다는 것이다. 이것을 그의 한 여성의 사례에서 살펴보면,

> "어린 시절 고아원에서 자랐던 피분석자는 스스로를 부양하기 위해 열심히 일하여 자수성가한다. 결혼 후 그녀는 남편을 뒷바라지 하여 학교까지 보냈고, 아이들 역시 그녀의 희망처럼 잘 자랐다. 하지만 이러한 그녀의 노력과 달리 남편은 그의 책임을 다 하지 않는 파렴치한이었다. 분석에서 그녀는 그녀가 남편을 어린애 취급한다는 분석가의 지적을 이해하지 못했고 무시했다. 분석이 진행되면서 무의식적으로 점점 아이들과 남편의 중요성이 드러났을 때, 분석가는 공감적으로 "뱀한테 물리는 것이 고마워할 줄 모르는 아이를 갖는 것보다 낫다." 라는 말을 했다. 그녀는 그 즉시 이 은유적 표현의 해석에 담긴 함의를 이해했지만, 그 전까지 남편이 그녀에게 정말 나쁜 아이였다는 것을 알지 못했다."[68]

레이더는 환자에게 "당신이 방금 말한 것을 누군가로부터 듣는다면 당신은 어떤 기분일 거 같아요? 아니면 무슨 말을 할 건가요?" 라고 묻는 것 같은 개입은 환자에게 거리를 둘 수 있게 하면서 스스로를 더 객관적으로 볼 수 있게끔 한다고 말한다. 위의 사례에서와 같은 분석가의 은유적인 개입 역시 이러한 효과를 갖는다고 본다. 그는 은유적인 개입의 두 가지 기능에 대해서 다음과 같이 설명한다.

"유추(analogy)의 사용은 가장 일반적이면서 효과적인 '거리 두기' 이다. 어떤 환자는 그들이 자신들 안에서 그것을 보기 전에 다른 사람들 안에서 행동을 이해하고 본다. 부인(denial) 을 방어적으로 사용하는 사람들에게 이것은 진실이라고 말하는 것은 설명이 아니라 사실의 재진술 (restatement) 뿐이다. 부인의 사용은 종종 "나만 찔릴 것이 아니라 다른 사람들도 다 그래."와 같은 변명 (demonstration) 으로 약해질 수 있다. 그리고 이것은 부인을 사용하고 있는 자기의 타당한 부분을 효과적으로 드러낸다." [69]

환자 자기에 대한 직접적인 표현 같은 개입은 그가 부인과 같은 방어를 왜 사용하고 있는 지에 대해 이해시키기 어렵다. 대신 은유적 개입과 같은 간접적인 '거리두기'가 자기로부터 떨어져 좀 더 일반화된 관점, ("다른 사람들도 다 그래."와 같은 느슨함)을 갖고 자기를 바라보게 한다. 그럼으로 부인을 사용하고 있는 부분을 합리화하고 있는 자기(self)를 드러낼 수 있다는 것이다.

또 다른 은유적 개입의 기능으로 그는 "욕동과 방어 모두 암시 (allusion) 로 표현되는데, (은유적 개입은) 이것을 좀 더 호소력 있는 차원 (a plane which appeals) 으로 끌어올 수 있다. 왜냐하면 이것은 명백하게 개인적인 것이 아니기 때문이다. 게다가 이러한 은유적 개입은 환자의 지성이나 문화적 자존감도 존중해 준다." [70] 이러한 설명은 은유적 개입이 환자를 위축시키지 않으면서, 환자로 하여금 좀 더 넓은 사고의 장에서 자기를 보고, 사고할 수 있는 폭을 넓게 해준다는 의미일 수 있다.

토마스 옥덴

자기를 거리를 두고 바라본다는 개념인 레이더의 '거리두기'는 토마스 옥덴의 '관찰 자아'의 개념으로 이어질 수 있다. 하지만 옥덴의 '관찰 자아' 개념은 피분석자는 물론 분석가 역시 분석적 상황에서 자신을 관찰할 수 있어야 하는 것까지 포함한다.

(1) 관찰 자아

그의 논문[71)]에서 옥덴은 무의식과 그것의 파생물은 은유를 통해 표현될 수 있으며, 분석가와 피분석자의 분석적 상호작용에서 경험하는 몽상(Reverie)을 은유적으로 해석한다. 분석가는 이 분석적 상호 작용에서 발생하는 것을 경험하고, 은유적 표현 이면의 함의들을 이해할 수 있어야 한다. 따라서 옥덴은 분석가의 역량을 우선 강조한다. 그는 "잘 되는 정신분석이란 일부러 꾸미거나, 미리 정해졌거나, 공식화된 것이 아니다. '그것은 무엇이다'라고 말하는 것보다 '그것은 무엇이 아니다'라고 말하는 것이 더 쉽다. 그렇기에 분석가로서의 작업은 분석가가 분석 상황에서 무엇이 발생하는지, 또 그 중 무엇이 가장 살아있고 (alive), 가장 진짜 (real)인 것인지에 집중해야 한다."고 말한다. 그는 이러한 분석가의 역량을 "분석적 감수성"이라고 보면서 이를 다음과 같이 말한다.

> "생각이 아닌 내장에서 올라오는 방법 (a visceral way[72]) 으로 회기의 살아있는 순간을 느끼는 것, 흥미롭고 예상치 못한 상황에서 사용된 '새로이 만들어진' 말이나 구를 들을 수 있는 것, 대기실에서 환자의 시선이 수줍어하거나 미안해하거나 선정적이거나 하는 것에 주목할 수 있는 것, 환자의 감각 기관이 위험하거나 미스터리한 감정에서 전하는 메시지를 지각할 수 있는 것, 그리고 환자와 함께 있는 시간 동안 침묵을 신체적으로 경험할 수 있는 것이 분석가의 능력이다." [73]

옥덴이 말하는 '분석적 감수성'은 앞서 분석적 상황에서 분석가와 피분석자의 '말하기'를 은유적 측면에서 해석했던 알로우의 주장을 떠오르게 한다. 그 논문에서 알로우는 분석가는 피분석자가 한 말 그 자체에 포함된 것을 넘어서는 수용할 수 있도록 환자의 다양한 측면에 예민해져야 한다고 한 바 있다. 그것은 피분석자의 언어적, 비언어적 의사소통이 은유적 성격을 갖기 때문이었다. 옥덴 역시 그러한 맥락에서 분석가의 역량을 강조하는데, 이와는 또 다르게 발생하는 특수한 상황으로 인해 분석가는 어려움에 처하게 된다고 말한다. 그것은 피분석자와 함께 있는 것이 처음이 아닐 지라도 의식적 자각에 많은 부분이 마치 내 감정이 아닌 것처럼 경험되는 낯선 분석가의 경험 때문이다. 분석가의 관찰 자아는 이런 의미에서 중요해진다.

> "여기에 분석 작업에서의 근본적인 역설 중 하나가 있다. 분석 작업을 위해서, 분석가는 반드시 환자와 함께 있는 것이 어떤 기분인지에 대해 (가능한 한 완전한 방법으로) 스스로에게 말하고 경험할 수 있어야 한다. 하지만 대부분 이 경험들은 무의식적이다. 분석가는 그가 자신을 위해 명명할 수 있고, 자신의 창조물로서 경험한 생각들, 감정들, 감각들에 의해서보다 더 지배적인 무의식적 감정들에 따라 '살게' 된다. 따라서 분석가로서 좋은 분석 작업은 'I-ness' (의식하지 않는 대상으로서 나 자신) 의 경험을 'me-ness'(분석적 조사의 대상으로서 나 자신) 의 경험으로 바꿀 수 있는 것과 관련된다."[74]

옥덴은 분석가 스스로의 생각, 감정, 감각들을 의식할 수 있어야 하지만 대부분의 경험이 무의식적이라는 것이 정신분석의 역설이라고 말한다. 이것은 앞서 리주토가 우리가 경험하는 현실이 무의식에 의해 조작된 주관적 현실이라고 말한 것과도 일맥상통한다. 관찰 자아는 이러한 현실을 의심하고 관찰하여 보다 더 '살아 있고' '진짜'인 현실에 접근하게 한다.

하지만 분석적 상황에서 분석가는 이러한 주관적 현실마저 자신의 것이 아닌 것 같은 낯선 경험을 하게 되면서 어려움에 처한다. 그것은 분석적 관계가 분석가와 피분석자가 각각의 독립된 개인이면서 동시에 분석가를 제외한 피분석자, 피분석자를 제외한 분석가는 존재하지 않는다는 것에서 생긴다는 것이다. 옥덴은 이러한 분석적 관계는 분석가와 피분석자의 상호주관적인 무의식적 감정 상태들이 분석 상황에 반영되기 때문이며 그렇기에 분석가는 이렇게 상호주관적으로 발생한 무의식적인 감정 상태들까지 면밀히 주목하고 사용해야 한다고 한다. 이러한 분석가의 경험에 있어서 필수적인 것이 '몽상' 의 사용이다.

(2) 몽상을 경험할 수 있게 하는 은유

이 '몽상'에 대해 옥덴은 다음과 같이 말한다.

> "몽상의 개념엔 보통 그 순간 환자가 말하고 행하는 것으로부터 완전히 떨어져 느끼는 가장 일상적인, 보통의, 방해받지 않는 사고, 감정, 환상들, 반추, 백일몽, 신체적 감각 등등이 포함된다. 꿈의 중요한 내용물 같은, 몽상은 무의식적 경험과 밀접하게 연결된 의식적인 경험이다. 우리는 그것이 무의식에 의해 다시 회수되기 전에 우리의 몽상 경험을 견딜 수 있어야 한다. 이것은 '혼자 있는 상태의 자기'(the privacy of the self)에 대한 욕구 혹은 소망에 대한 분투와도 같다. 몽상의 경험은 우리의 거의 보이지 않는 배경적인 자기 감각의 가장 큰 일부이기 때문이다. 하지만 한순간 의식에서 완

고 거기에 그것을 보거나 듣는 주체적인 'I'가 없다면 개인은 침묵하거나 볼 수 없다. 'I' 와 'me' 모두가 창조되는 사건은 일반적으로 언어에 의해 그리고 특별하게 은유적인 언어에 의해 중재된 사건이다." [82]

2. 은유 기능의 상실

은유는 무의식과 의식 사이를 연결하는 다리의 역할을 한다. 무의식을 간접적인 경험으로 형태로 바꿔 현실에게 경험하게끔 하는 것이다. 또 옥덴의 설명처럼 은유는 자신과 다른 사람에게 '나'를 표현하고 전달할 언어이기도 하며, 자신의 정서나 설명하기 어려운 모호한 개념들을 구체적인 상으로 표현할 수 있도록 한다. 반대로 은유의 기능을 상실한다는 것은 이러한 언어를 잃어버리는 것이 된다. 모호함을 이해하거나 표현할 수 없고, 의식적 차원에서 경험하는 것만 이해할 수 있으며, 진짜 '자기'에게 다가갈 방법을 찾지 못하는 상황에 빠질 수 있다. 은유의 기능이 제대로 작동하지 않을 때 그 증상들은 어떻게 나타나는지를 사례를 통해 살펴보려 한다.

아일린 A. 코티스의 구체성 사례

코티스 (Eileen A. Kohutis) [83]는 꿈과 신체적 증상이 은유라는 점에 주목한다. 은유가 모호함을 이해할 수 있게끔 구체화하는 언어라면, 반대로 구체적일수록 은유적 과정은 상대적으로 덜 작동한다고 생각해볼 수 있다. 정신분석 문헌에서 종종 이야기되는 "Concrete patient"[84] 들이 이에 해당된다. 코티스는 꿈이 구체성과 상징성의 성장을 촉진시키는 은유의 한 종류라고 이야기 하면서 한 구체성 환자의 꿈을 추적한다. 그러면서 구체성 환자들에 대해서 다음과 같이 이야기 한다.

> "구체적 사고의 사람들은 그들보다 사건을 더 보고하는 경향이 있다. 이들은 감정을 일어난 일에 대한 반응이라기보다 그들에게 일어난 어떤 것으로 경험한다. 그들은 오직 만지고 볼 수 있는 것만 의미를 둔다. 또 특별한 것에서 일반적인 것으로 쉽게 도약하지 않기 때문에 우리가 항상 감정적 경험으로부터 배울 수 있는 관점이 발달하지 않는다. 구체성은 정신적 통찰을 구속한다. 따라서 이들은 고전적 타입의 정신분석 기술을 쉽게 받아들이지 못한다." [85]

코티스는 "구체성이 꿈을 통해 촉진"되면서도 "정신적 통찰을 구속한다."고 하는데 전자는 꿈은 모호한 정서적 경험이 구체적인 표현물로 나타난 것이기에 구체성은 은유적 사고의 가능성을 의미하는 것이다. 이것은 어느 정도의 모호함을 경험하고 스스로가 그것을 표현할 수 있는 것에서 나온다. 구체성이 '정신적 통찰을 구속 한다'는 것은 모호함을 경험하고 표현할 기회조차 차단된 경우를 말한다.

그는 "구체성 환자들이 고전적인 정신분석 기술을 쉽게 취하지 못한다"고 말한다. 고전적인 정신분석의 기술이란 자신의 경험, 감정, 꿈 등과 그 순간 떠오른 자유연상을 분석가에게 말하는 것이다. 이것은 침묵이나 어느 정도의 모호한 정서적 상태를 경험하는 것이기도 하다. 따라서 구체성 환자들에겐 이러한 정신분석적 경험이 견딜 수 없는 것이 될 수 있다. 오직 보고 듣고 만질 수 있는 것만 이야기하거나 분석가의 어떤 질문이나 개입들은 이해할 수 없거나 불안을 더 키우게 될 수 있다. 그렇기에 이러한 환자들의 분석은 분석가가 예측했던 방향으로 진행되지 못하거나 혹은 예측하지 못했던 방향으로 진행될 수 있다는 것이다. 또 분석이 진행된다고 해도 환자가 유연한 사고를 할 수 있는 것도 아니라고 한다. 그가 제시한 사례는 이러한 구체성 환자의 분석상황을 엿볼 수 있다.

> "이 여성은 회기에서 일이나 가족, 연인과의 관계에서 벌어지는 일들은 나열하듯 보고하지만 그들과의 관계에서 일어난 감정들에 대해선 차단했다. 매일같이 아주 상세히 사건과 증상들에 대해 열거했지만 그 모든 것들에 아무런 호기심도 피력하지 않았다. 나는 분석 책의 모든 기술로 그녀의 생각들, 감정들, 환상들에 어떤 주의를 일깨우기 위해 노력했지만 그녀의 구체성의 벽은 뚫리지 않았다.... 감정들에 대한 대화는 거의 없었다. 유일한 감정은 죄책감이었지만 그것은

마치 그녀의 것이 아니라 그녀가 이름을 지어 불러서 주술처럼 다루려는 외부적인 힘으로 그녀 밖에 있는 것이었다." [86]

특히 이 여성은 '화'를 내지 않았다고 한다. 분석가는 "환자는 화를 내기 위한 단어를 가지고 있지 않았고, 단어를 갖지 않는 것이 감정을 갖지 않는 것과 동일한 것으로 여겼다"고 하면서 화가 그녀의 감정이 아니었고 화를 내는 다른 사람에 대한 기계적인 반응이었다고 말한다. 하지만 이와 반대로 이 사례에서 피분석자의 정서적 세계와 감정적 경험은 신체적 증상과 꿈으로 격렬하게 표현되었다. 먼저 신체적 증상에 대한 분석가의 보고는 다음과 같다.

"그녀는 어릴 적부터 위장 장애를 앓았지만 약은 차도가 없었고, 의사 역시 신체적인 문제는 없다는 진단을 내렸다. 그럼에도 분석 중에도 그녀는 위장의 고통을 호소했고, 끊임없이 다른 의사들을 찾아 다녔다. 많은 신체화 환자들처럼, 그녀의 증상이 그녀에게 어떤 것을 의미할 수 있다는 것과 그녀가 그녀의 신체로 감정적 경험을 느끼고 있다는 분석가의 주의를 거부했다. 대부분의 회기에서 환자는 신체적 증상을 보고했고, 분석가는 그것이 그녀의 삶에서 무언가 잘못되었을 때 예측대로 발생하고 있다고 말한다. 하지만 피분석자는 끝까지 증상이 어떤 것을 의미하지 않으며 그것은 단지 "발생한 것"이라고 주장했다." [87]

사례에서 환자는 정서 상태가 강렬한 만큼 신체적 증상 역시 강하게 나타났다고 보고된다. 정서가 신체로 표현될 수 있다고 하는 것은 '신체화'와 관련된 연구들에서 자주 언급되는 내용이다. '신체화'는 정신에너지가 신체적 증상으로 표현되는 것을 말한다. 프로이트와 브로이어는 히스테리 연구에서 히스테리는 특정 사건이 증상을 야기하며, 병의 원인과 신체적 증상 사이의 상징적 연결이 존재한다고 한 바 있다. 억압된 관념이 있고 이 관념에 얽힌 정서가 신체의 신경 지배에 사용된다는 것이다.[88] 이 논문의 앞선 논의에서 모델은 은유가 생물학적 특성의 표현이며, 신체적 감각과 감정이 다른 사물로 변형되는 은유적 특징에 대해 이야기했었다.[89]

또한 이 사례의 환자는 다양한 꿈으로 통해 자신의 정서 상태를 표현한다. 코티스는 이 꿈들을 통해 분석의 돌파구를 찾는다. 다음은 환자가 보고한 몇 개의 꿈이다.

> "나는 집들을 보고 있어요. 하지만 그것들은 모두 불타고, 어둡고, 황폐해요. 그것들은 아름답지만, 내부는 허물어지고 있어요. 그것들은 사실 같지 않았어요."

> "나는 전쟁터에 있고 집들은 폭파되었어요. 모든 주변엔 죽어가는 사람들이 있어요. 나는 마치 그들을 아는 것처럼 사람들을 보지만 나는 그들을 몰라요. 그들은 나를 쏘고 해치려는 것 같았어요. 그 집들은 산위에 세워져 있어요."

> "나는 집 안에 있고 밖엔 피가 비처럼 내리고 있어요. 나는 창밖을 보았고 심하게 훼손된 동물들을 보았어요. 내가 소리치자, 누군가 내 동물들을 죽이고 있어요. 내가 문을 열자 누군가 잘린 소머리를 조롱했어요. 내가 문을 열었을 때, 언니가 있었는데 그녀가 나에게 그 머리를 던졌어요. 나는 소리를 지르며 깨어났고 내가 온통 피를 뒤집어 쓴 것처럼 느껴졌어요." [90]

분석이 진행됨에 따라 차례로 보고된 이 꿈들은 피분석자의 황폐한 내적 세계를 표현하며 미묘한 변화들 역시 보여주고 있다. 꿈에서의 집들은 피분석자의 자아 상태를, 훼손된 동물들은 그녀의 신체를 보여주는 듯 보인다. 세 번째 꿈을 꿀 무렵 피분석자는 무책임한 연인 때문에 손해를 보고 있었는데, 감정적으로 화를 내진 않았지만 그녀의 몸은 왼쪽 부분이 마비되고, 장의 고통과 손가락과 허리가 굽고, 눈에서 눈물이 흐르는 증상들을 보이고 있었다고 한다. 이러한 신체의 고통과 감각이 꿈에선 훼손된 동물들로 나타났다. 또 꿈에서 나와 동물들은 서로 분리되어 있는데, 이것은 고통스러운 부분을 정신의 한부분에서 분리하고 있음도 보여준다. 집들은 불타고, 황폐하고, 폭파되어 있고, 피로 물들었고 동물들은 절단되어 있다. 하지만 이 상황 속에서 집들은 점차적으로 적어도 안전한 공간이 되고 있음도 나타난다. 두 번째 꿈에선 집들은 그래도 안전한 산 위에 세워져 있고, 세 번째 꿈에선 죽어가고 절단되는 상황들은 모두 집 밖에서 벌어지고 있다.

분석상황에서 이 여성은 꿈에 대한 연상을 하진 못했다고 한다. 분석가는 꿈에서 표현되고 있는 정서적 풍경을 말하거나 스스로의 감정을 받아들일 수 있도록 감정을 표현하도록 격려하는 식으로 분석을 진행해 나갔다. 분석가는 자신은 피분석자로부터 받은 꿈을 변형해서 돌려주었고 이 여성은 그 변형을 학습해서 더 (꿈을) 만들어냈다고 말한다. 피분석자는 분석의 종결까지 정서적 경험을 하거나 보고하지는 않았지만 점차 꿈으로 자신의 내적 세계로 들어가는 것을 이해할 수 있게 되었으며, 이후 현실에서 그녀를 힘들게 했던 관계들을 정리할 수 있게끔 하는 힘으로도 작용한다.

이 사례에서 꿈은 억압된 정서적 경험을 다른 표현물로 드러내는 언어로, 무의식과 의식을 연결하는 다리로서의 기능을 한다. 그런 의미에서 꿈은 모호함을 구체적 언어로 바꾼 은유가 된다. 분석가는 이러한 꿈을 사용하여 피분석자의 접근할 수 없는 모호함에 구체성과 상징성을 부여해 이해하도록 했다.

코티스는 환자의 구체성이 내적 세계를 경험하는 것을 부인하고 억압하기 때문이라고 하면서 구체성으로 드러난 이러한 은유 기능의 상실이 분리개별화 단계[91]에서의 발달적 손상과 근본적인 자아 손상에 있다고 보았다. 그렇다면 여기서 은유적 사고의 능력이 유아의 초기 경험에서 시작된다고 생각해 볼 수 있을 것이다.

3. 은유적 사고의 기원

먼저 이 논문의 앞부분에서 레이코프와 존슨이 말한 것을 상기해 볼 필요가 있다. 이들은 "지향적 은유"가 위-아래, 안-밖, 앞-뒤, 접촉-분리, 깊음-얕음, 중심과 주변 등과 같이 공간적 지향성과 관련되는데 이것은 우리가 현재와 같은 몸을 가졌고, 그 몸이 우리의 물리적 환경에서 현재와 같이 활동한다는 사실"에서 생겨난다고 했다. 즉 몸으로 경험한 신체적 경험에서 은유가 생겨난다는 것이다. 또 모델 역시 은유의 기원이 신체로부터 나온 감각과 감정들이라 한 바 있다. 이러한 생각들은 신체와 정신이 분리된 것이 아니라고 보는 많은 정신분석에서의 인간발달이론과도 맥을 같이 한다.

은유의 기원으로서 신체자아, 신체 이미지

은유의 기원은 유아의 정신 기능의 발달과 같이 하기에 초기 정신 발달에 관한 연구들에서 그 기원을 찾을 수 있다. 갓 태어난 유아는 아직 정신이라 불릴 만한 것이 없다. 신체적 기능의 성장과 함께 정신의 기능도 차츰 발달해 간다. 따라서 초기에는 신체적 기능에 따른 신체적 감각이 우선시 된다고 생각할 수 있다. 인간발달 이론들에선 이러한 신체적 감각에서 신체자아나 신체 이미지가 만들어지고 이로부터 정신의 기능이 출발하며, 이것이 자기 존재감을 형성해가는 과정이라고 이야기된다.

프로이트는 '신체 자아(Body Ego)'가 자기 표상을 형성하는 초기 단계에서 사용되는 원초적인 물질적 요소를 의미한다고 했다.

> "유아는 주로 젖을 먹는 것, 유쾌한 만족의 추구 그리고 불쾌함(배고픔)의 회피에 관심을 갖는다. 결과적으로 입은 빠는 기능을 통해서 초기 자기 표상을 형성하는 핵심적인 역할을 하는데, 여기에 손(만지는 것, 잡는 것)과 눈(바라보는 것)의 기능이 곧 추가된다. 신체이미지의 명확한 도식 또는 양상은 아동의 자아가 발달하면서 시간을 두고 형성된다. 그것은 리비도 발달 단계의 영향 아래 대체로 입, 손, 눈 그리고 머리로 이루어진 부분적인 신체 이미지로부터 하나의 전체적인 신체 이미지로 서서히 발달해나간다." [92)]

유아에게 가장 중요한 것은 젖을 먹고 배고픔을 해결하는 것이다. 따라서 프로이트는 입 주변의 신체 감각을 중심으로 원초적인 정신 기능이 발달한다고 보고 있다. 또 신체 이미지라는 것도 초기엔 명확한 것이 아니라 모호하며 부분적이라고 이야기 한다. 갓 태어난 유아는 자기 신체의 감각도 외부의 것으로 느낄 만큼 자기와 외부 세계의 구분이 없다. 따라서 자기와 외부 세상, 대상을 전체적인 것으로 인식하게 되기까진 상당한 시간을 필요로 한다.

페니켈 (O.Fenichel) 역시 불쾌를 피하려고 만족을 얻으려는 유아의 경향을 정신의 출발로 본다. 그는 자아가 없이 태어난 유아는 무수하게 쏟아지는 자극 상태 속에 우선적으로 놓여 진다고 말한다.

> "그는 대상 세계를 알지 못하고 긴장을 멈출만한 능력도 아직 없다. 아직 명확한 의식은 없지만 긴장을 줄이고 늘리려는, 고통과 쾌락에 대한 불분명한 민감성을 갖는다. 프로이트에 의하면, 적당한 방어 기구 없이 쏟아지는 이 자극들은 (다른 것들이 다 실패했을 때) 나중에 모든 불안의 모델이 된다. 이 자극이 넘쳐나는 상태는 매우 불쾌한 것이고, 따라서 첫 번째 정신의 경향은 이 긴장의 상태를 제거하려는 것이 된다." [93)]

페니켈은 이 자극의 대표적인 것이 배고픔이고 긴장이 이완된 상태는 잠이라고 본다. 또 유아는 차츰 자극이 외부에서 오는 것임을 알게 되면서 대상에 대한 첫 갈망이 생긴다고 말한다. "외부에서 오는 것임"을 안다는 것은 곧 자기와 외부 세계의 구분이 없던 유아가 외부 세계를 인식하기 시작했음을 의미한다. 페니켈은 이 현실 인식의 과정에서 자기 신체에 대한 인식이 아주 특별한 역할을 한다고 본다.

> "처음엔 내부의 어떤 것으로의 긴장의 개념만 있다. 나중에 이 긴장을 없애주는 대상이 존재한다는 인식과 함께, 우리는 '외부의 어떤 것'이란 개념을 갖는다. 우리의 신체는 동시에 양쪽에 있다. 외부적 자극과 내부 감각 데이터 모두에서 발생하는 긴장으로 인해 우리의 신체는 세계의 부분으로부터 떨어진 것이 되고 따라서 자기가 아닌 것에서 자기를 구분하는 것이 가능해진다. 우리가 소위 신체 이미지라고 부르는, 신체와 그 기관들에 대한 정신적 표현물 전체는 '나'에 대한 개념 (the idea of I) 을 구성하고 더 나아가 자아 형성에 중요한 기초가 된다." [94]

신체 이미지는 실재 신체와 동일하지 않다. 페니켈은 팔다리에 대한 허상이나 의류들이 그 안에 포함될 수 있다고 하면서 완벽하게 옷이 맞아 하는 강박증 환자의 한 예를 든다. 환자는 옷이 맞지 않으면 극도의 스트레스를 느꼈는데, 이것에 대해 "실제로 그가 걱정하는 것은 그의 육체적인 편안함이란 것이 밝혀졌다. 그의 옷이 잘못된다는 것이 의미하는 것은 그의 신체가 잘못되는 것이었다. 이 때 그 옷은 그의 신체 이미지에 포함된다."는 것이다.

한편 말러는 이러한 신체 이미지가 어머니의 돌봄으로 인해 만들어진다고 보았다. "유아가 경험하는 몸 전체를 통한 접촉 지각적 경험, 특히 몸 표면 전체의 깊은 감각 (안아주는 어머니로부터 생기는 압력) 이 운동감각의 발달에 기여할 뿐 아니라 공생경험에서도 중요한 역할을 한다." 그러면서 공생단계에서 유아는 만족을 주는 대상을 부분적으로 희미하게 인식하기 시작하면서 "이와 나란히 그리고 쾌락-고통의 경험이 계속되면서, 공생적 모체 내부에서 신체자아 표상의 구분이 일어난다. 이런 표상들은 '신체 이미지' 로서 저장된다."[95] 고 말한다. 이 신체 이미지들은 내부 창자들에서 오는 자극에서 비롯되기에, 이러한 신체적 감각들을 중심으로 유아의 자기 정체감이 형성된다고 말한다.

신체 경험과 무의식적 환상의 연결

아직 완전하지 못한 자아를 갖고 태어난 유아가 신체적 경험에서 나온 어떤 이미지들로 자신을 그려나간다는 것이다. 앞서 옥덴은 "은유는 '내가' 내 자신을 볼 수 있기 위한 내가 '나를' 설명하는 언어의 형태이다."라고 말한 바 있다. 신체 이미지가 자기를 구성해나가는 과정 역시 은유의 과정이라고 생각할 수 있다. 그것은 아직 유아가 자신을 표현할 만한 언어를 갖지 못하기 때문에 이미지가 그 언어가 된다. 그리고 이러한 신체적 이미지란 결국 환상이라 생각해 볼 수 있다.

신체적 경험과 무의식적 환상에 대한 연결에 대해 가디니 (R. Gaddini)는 그림으로 사고하는 것이 의식화하는 것의 매우 불완전한 행태라고 말한다. 어떤 면에서 말로 사고하기보다 무의식에 더 가깝다는 것이다. 그러면서 언어 이전의 유아가 신체 이미지로 자기감을 형성해 나가는 과정을 설명한다.

> "유아의 마음속에 환상이 시각적 환상, 즉 이미지로 표상화 되기 이전에, 유아는 '신체 안'에서 그것을 경험한다. 신체 안의 환상 다음에는 '신체 위'의 환상이 나타나며, 이는 실제 구별된 자기의 첫 정신적 이미지를 나타낸다. 이들은 이미 신체의 초기 이미지와 연결이 되며- 대개는 둥그스름한 이미지인데, 초기 돌봄에서 파생되는 주변 감각의 연속성의 결과이다. 이것은 정체성의 감각의 형성과정과 신체 이미지의 발달을 선행한다. 어떤 의미에서는 이 원시적 둥그스름한 신체의 이미지는 '구체적 소재'의 다양한 요소간의 관계를 나타내며, 이는 돌봄과 관련되는 감각들이다." [97]

한편 카발로 (R. Carvalho)는 초기 유아의 신체로부터 나온 무의식적 환상이 은유의 기원이라고 보면서 이것을 위니캇 (D. W. Winnicott)의 '중간 대상'으로 설명한다.

> "그리스 말, phantasia에서 유래된 환상은 단순히 "정신에 시각적인 어떤 것을 그리는 것이다. 그것은 나타내거나 보여준다는 의미의 'epiphany' 와 관련이 있다. 환상이 단순히 방어적인 것으로 혹은 소망 충족의 목적을 위한 것이라도, 또한 환상은 간과해서는 안 될 또 다른 목적을 갖는다. 그것

은 환상의 기능이 드러내 보이는 것 (revelation)이란 점이다. 즉, 우리가 정신이라고 부르는 것이 무엇이든 마치 볼 수 있는 비유적인 형태로 그려진다. 그럼으로 상징적으로 처리하고 조사함으로 대상을 사용하기 위해서이다. 이러한 정신이 은유로서 사용하는 비유적인 형태, 환상은 아주 초기엔 신체에 대한 것이다. 신체는 '외부 세계'에 위치하고 정신은 '내부 세계'로 그려진다. 신체처럼, 정신은 '섭취한 것'으로 느낀다. 감정적 환경들, 언어들, 그리고 그것들이 전달하는 것은 입이 젖꼭지에서 젖을 섭취하는 것과 유추적으로 같은 방법으로 섭취된 것으로서 경험될 수 있다."[98]

그러면서 카발로는 정신이 섭취된 것으로 경험되는 것처럼 역시 신체의 구멍을 통해 배출되는 경험으로 그려질 수 있다고 말한다. 이 '배출되는 것'이란 결국 투사를 의미한다. 외부로 배출된 정신의 표현물은 투사적 동일시를 개념화할 수 있게 한다. 투사적 동일시는 "내 것을 배출해서 다른 사람에게 밀어 넣는다. 그럼으로 다른 사람은 내 일부가 된다."라는 개념이다. 이러한 투사적 동일시의 개념은 힌쉘우드의 한 사례에서 좀 더 이해할 수 있다.

힌쉘우드 (R.D. Hinshelwood)는 로젠펠드(Herbert Rosenfeld)의 한 사례를 통해 이러한 예를 설명한다.

"자신의 정신 안에 있는 어떤 사고와 감정들에 대해 불안해하고 우울해 하던 한 남성은 회기에서 아버지 무릎에 올라갔을 때, 자신의 속옷에 배설하는 환상을 떠올렸다. 이 환상 후에 그는 그가 배변을 배출한 후의 해방감과 의기양양함을 느꼈다고 말했다." [99]

힌쉘우드는 "분석가에게 시원하게 털어놓는 해방감과 어린 시절 아버지 무릎에다 배설하는 환상 사이엔 연관성"이 있으며, 그것이 "그의 일부분 (그의 정신의 일부분, 혹은 신체적으로 그의 창자 안에 있는 어떤 것)의 실제로 내보내지는 배출환상"이 있다고 말한다. 환자가 정신의 한 부분을 마치 화장실에서 배변하듯이 제거할 수 있다고 믿는다는 것이다.[100]

하지만 이렇게 구현된 정신이란 것은 실질적인 것이 아니다. 이것은 환상이다. 카발로는 "정신은 그 자체로 어떤 것 안으로 들어갈 수 없다. 혹은 정신이 나타나는 것으로도 '식별되지(identified)'않는다. 'Identity'는 라틴어의 '정확히 그것 (precisely that)' 을 말한다. 따라서 'Identity'는 'the same'을 의미하는 'being the same as'를 의미한다. 하지만 정신은 그렇지 않다. 그것은 'Identity'가 아니라 '흡수, 동화 assimilation' 혹은 '유사함(analogue)'이"라고 말한다. 그렇기에 그는 정신이 구현되는 이 메커니즘이 쉽게 은유라는 특징을 갖는다고 본다.

"정신이 신체와 신체의 위치, 지형학, 내부성과 물질성을 빌려와 스스로를 이해하는 이 과정은 쉽게 은유라는 특징을 갖는다. 이것은 다른 사람의 동화 작용으로, 특히 엄마와 같은 다른 중요한 사람의 신체들에 동화 (assimilation) 작용으로 확장되기 때문이다. 만약 내가 이해하고, 인정받고, 사랑 받는 것과 같은 좋은 경험을 한다면, 마치 사랑에 의해 양육되고 '섭취'된 것처럼 경험한다. 그리고 이 경험은 마치 내 욕구를 내가 되돌려 줄 수 있는 어떤 것으로 바뀌는 장소인, 엄마의 내부 속에 비워버린 것처럼 이야기되고 내 신체의 언어를 빌려 이해된다. 그럴 때 나는 내가 좋은 대상으로서 그녀를 취했거나 내재화했다고 말할 수 있다. 그러면 그녀는 내 사적 동일시라 불리는 것으로 사용될 수 있다. 하지만 중요한 것은 실제적으로 일어난 것은 없다는 것이다. 어떠한 사실적인 동일시란 없다. 이것은 환상으로 신체적 측면에서 개념화하기 위해 유래된 언어이다. 대상은 나의 일부이긴 하지만 외부적으로 유사한 것 (analogue)을 만나기 전까진 사용될 수 없다." [101]

정신이 신체를 빌어 와 스스로를 표현한다는 것에서 상기할 것은 아직 유아에겐 정신이라 부를만한 것이 없다는 점이다. 페니켈이 말했듯이 정신의 초기 경향은 자극에 대한 민감성이다. 따라서 위에서 이야기되는 정신은 이 자극에 대한 민감성들이라 할 수 있다. 정신은 신체적인 감각을 기반으로 형성된다는 것은 이러한 이유에서이다. 자극에 민감성은 엄마의 돌봄에 의해서 달라진다. 자극의 첫 번째 요소가 배고픔이니, 이를 낮춰주는 엄마의 젖가슴이 초기엔 중요한 원시적 정신을 은유적으로 표현할 요소가 된다. 또한 내부와 외부, 자기와 대상간의 구분이 서서히 일어나므로, 이 젖가슴 역시 자신의 일부로 여겨질 수 있다. 카발로는 이 논문에서 신체에 대한 인상에서 정신을 유추하는 것처럼 다른 사람에 대한 인상 역시 자기를 위한 유추를 제공한다고 말한다. 여기서 유추할 수 있게끔 하는 것은 어떤 한 측면에서 다른 것을 이해할 수 있게끔 하는 은유의 과정이다. 그는 환상이 달리 표현할 수 없었던 개인 내적 과정들을 위한 유추를 제공하며, 이 개인 내적 과정들이란 달리 명명될 수 없었던 것, 그렇게 생각될 수 없었던 것들이라고 한다.

중간대상 개념과 은유

이러한 점들은 초기 돌봄이 자기감, 자기 존재감의 감각과 연결된다는 정신분석 일반의 이론들도 이해할 수 있게 한다. 앞서 카발로는 이러한 정신의 은유적 과정이 "대상을 사용하기 위해서"라고 이야기했었다. 대상 사용의 개념은 이 초기 돌봄과 관련된 도널드 위니캇의 "중간 대상" 개념에서 나온 것이다. 그는 피부를 경계로 하는 안과 밖 이외에, 주관적으로 지각된 것과 객관적으로 지각된 것 사이, 내적 실재와 외적 실재 사이를 구분하면서도 동시에 서로를 관련시키는 '중간 영역'이 있다고 본다. 유아는 젖빨기가 아닌 주먹이나 엄지손가락 빨기, 담요, 손수건, 냅킨 등을 입으로 가는 행동들을 하는데, 위니캇은 이러한 행동들이 중간 영역에서 일어나는 '중간 현상'이며, 이때 유아가 사용하는 "나-아닌" 소유물들, 손가락, 담요, 손수건과 같은 물건들을 '중간 대상'이라고 보았다. 이 중간대상은 엄마의 젖가슴을 대신하여 유아가 불안, 우울한 형태의 불안을 방어하는데 사용된다. 위니캇은 이것이 유아에 의해 발견되고, 사용되게 된다고 말한다. 중간 대상은 엄마의 젖가슴을 나타낸다. 위니캇은 이것에 대해서 다음과 같이 서술한다.

> "여기서 담요조각(또는 다른 어떤 것)은 젖가슴과 같은 어떤 부분 대상을 상징한다. 그럼에도 불구하고 초점은 그것의 상징적 가치보다는 실제성 (actuality) 에 있다. 그것이 젖가슴(또는 엄마)가 아니라는 사실이 그것이 젖가슴 (엄마)을 나타낸다는 사실만큼이나 중요하다. 상징주의가 사용될 때, 유아는 이미 환상과 사실 사이, 내적 대상들과 외적 대상들 사이, 일차적 창조성과 지각 사이를 분명히 구분하고 있는 것이다. 그러난 나는 중간 대상이라는 용어가 차이성과 유사성을 수용할 수 있게 되는 과정을 위한 공간을 준다고 생각한다." [102)]

위니캇은 중간 대상이 "차이성과 유사성을 수용할 수 있게 되는 과정을 위한 공간"이라고 말한다. 이 논문의 앞부분에서 모델은 은유의 기능이 "영역들의 다양성 안에서 유사성과 차이성을 알아보는 패턴 탐색기"라고 한 바 있다. 위니캇은 중간대상을 사용할 수 있는 능력인 상징화의 능력이 은유의 능력에 기반이 되는 것으로 보는 듯하다. 하지만 이러한 것들이 엄밀하게 발달적 단계를 이루면서 구분이 되는 것은 아니다. 앞서 초기 정신발달에 관한 논문들에서 은유가 신체적인 측면에서 정신을 드러나게 하는 기능이고, 그럼으로 중간 대상을 사용할 수 있게 되고, 이것이 좀 더 발달된 은유의 정신 기능을 위한 기반이 된다는 것이다.

Ⅳ. 결론

한 정신영역을 다른 정신영역의 측면으로 이해하는 레이코프와 존슨의 은유론은 정신분석의 여러 개념들이나 현상들을 은유의 측면으로 설명할 수 있게끔 했다.

먼저 은유는 과거의 경험과 현재의 경험을 연결한다. 두 경험이 다른 상황일지라도 피분석자의 주관적인 해석들은 두 경험의 유사성을 찾아내어 같은 경험으로 연결하는 것이다. 과거는 현재의 측면에서 해석되고, 현재 역시 과거의 측면으로 이해된다. 반복강박은 그렇기에 은유적으로 해석된다.

보베리와 리주토는 이러한 두 경험의 연결의 측면에서 은유를 설명한다. 한편 모델은 이 연결이 잘못된 경우의 예를 든다. 우리의 정서적인 경험, 무의식적인 측면을 은유는 유사성과 차이성들을 찾아내어 연결하고 분류한다. 이것은 과거와 현재의 경험에서 유사성을 찾아 은유적으로 연결한다는 보베리와 리주토의 은유적 설명들과도 맞닿아 있다. 모델은 여기에서 그런 은유의 기능이 제대로 작동하지 않는 경우를 설명한다. 이 경우 불안이 나오게 되는데 그것은 두 경험의 유사한 부분만 남고, 차이를 알지 못한 경우가 되는 것이다. 그렇게 되면, 과거의 경험이 남겼던 불안이 현재의 경험과 같은 것으로만 인식되어 현재 상황에서 불안을 야기하게 된다.

한편 피분석자의 은유들을 관찰하고 그의 은유를 사용하여 해석해야하는 분석가의 역할에 대한 논의들은 제이콥 A. 알로우와 노만 레이더, 토마스 옥덴이 하고 있다. 알로우는 분석의 중요한 구조인 분석가와 피분석자의 말하기와 듣기를 은유적인 측면에서 본다. 그는 환자의 무의식적 파생물들은 은유적으로 표현되기에 분석가는 환자의 의사소통에서 그러한 표현들을 찾아내야 한다. 레이더는 개입으로서 은유의 기능에 대해 설명한다. 분석가의 은유적 표현의 개입은 환자로 하여금 자신을 관찰할 수 있게끔 하는 '거리 두기'의 효과가 있으며, 그의 문화적 자존감과 지성을 존중해주는 역할도 한다고 말한다. 옥덴 역시 무의식은 은유를 통해 표현된다고 보면서 이를 찾아낼 수 있는 분석가의 감수성을 강조한다. 하지만 이에 더하여 피분석자의 무의식적 표현뿐만 아니라 분석가 자신의 무의식적 표현물에 대해서도 해석할 수 있어야 한다. 분석적 관계가 피분석자를 제외한 분석가, 분석가를 제외한 피분석자는 존재하지 않기 때문이다. 그렇기에 분석가는 자신을 관찰할 수 있는 관찰자아를 가지고 있어야 한다. 이 과정에서 중요해 지는 것이 '몽상'의 경험이다. 몽상은 분석가와 피분석자의 상호주관적인 관계에서 발생하는 분석가의 자신의 경험 같지 않는 정서적 경험을 말한다. 옥덴은 몽상을 중요한 분석적 기술로 보면서 이러한 경험을 상대방에게 전달할 수 있게 하는 것이 은유라고 말한다.

이러한 은유의 기능이 상실하게 되는 경우를 코티스는 구체성 환자 사례를 통해 보여준다. 은유는 추상성을 구체적인 것으로 표현하게끔 하는데, 이러한 기능에 문제가 생겼을 때, 추상성을 표현하거나 경험할 만한 기능을 잃게 된다. 코티스의 환자는 지각적 경험은 했지만 화를 내거나 하는 정서적 경험을 표현하지 못했다. 분석가는 환자의 꿈을 그의 정서적 경험을 이해하게끔 하는 도구로 사용한다. 이 사례에서 꿈은 억눌려 있던 무의식적 경험들을 의식으로 드러낸 은유적 표현물이 된다. 은유의 기능을 상실한 구체성 사고 환자의 사례는 은유적 사고의 기능이 어디서부터 시작되었는지에 대한 실마리를 제공한다.

은유의 기원은 '신체 이미지'로부터 찾을 수 있다. 프로이트는 유아의 빠는 기능을 중심으로 한 신체적 감각들이 초기의 자기를 형성해 나가는데 중요한 역할을 한다고 보았다. 즉, 이 신체 감각들을 중심으로 신체 이미지가 만들어지고, 신체 기능의 발달과 함께 부분적인 이미지에서 전체적인 신체 이미지로 발달해 나가면서 초기 유아의 자기가 형성된다는 것이다. 페니켈 역시 배고픔과 같은 신체적 자극으로부터 생겨난 신체 이미지가 신체와 그 기관들에 대한 정신적 표현물이며 이것이 점차 '나'에 대한 개념으로 발달해간다고 말한다. 말러 역시 같은 개념으로 신체이미지를 설명하면서 이것이 어머니의 돌봄에서 비롯된다고 본다. 그리고 가디니는 유아의 이 신체이미지가 무의식적 환상이라고 보는데, 신체적 경험이 무의식적 환상에 의해 신체 이미지로 표현된다는 것이다. 결과적으로 무의식적 환상에 의해 만들어지는 신체 이미지가 아직 완전하지 못한 유아의 초기 자아에 대한 은유적 표현물이 되는 셈이다. 따라서 아직 불분명하고 모호한 자기감이 어떤 이미지로 표현한 것이기에 신체 이미지를 은유의 기원으로 생각해 볼 수 있다.

카발로는 무의식적 환상이 은유의 기원이라고 말한다. 그는 정신이 신체와 신체의 위치, 신체의 감각을 빌려와 스스로를 표현하기에 쉽게 은유라는 특징을 갖는다고 말한다. 또한 유아는 신체를 빌려와 정신을 표현한 것처럼 자기의 신체적 경험을 외부 대상에게 투사하여 대상 개념을 형성한다고 본다. 그렇게 함으로 대상을 사용하게 된다는 것인데 이 대상 사용의 개념은 위니캇의 '중간 대상' 개념에서 나온 것이다. 유아는 엄마의 젖가슴이 나타나지 않을 때 불안과 우울감을 느낄 수 있는데, 이때 엄마의 젖가슴을 대신할 손가락, 담요, 손수건과 같은 물건들을 사용하게 된다. 그럼으로 불안을 방어하는 것이다. '중간 대상' 은 유아가 엄마의 젖가슴을 대신하여 사용하게 되는 대상을 가리킨다.

이상의 정신분석 전반에 관한 은유의 사용과 은유적 해석들은 분석가와 피분석자의 무의식에 접근하는 길로 이해될 수 있다. 무의식은 그 자체로는 직접적으로 표현될 수 없다. 그것은 모호하고, 비경험적인 것으로, 무질서한 혼돈과 같은 상태로 경험되기에 그러한 것을 대신하여 표현할 구체적인 것들을 필요로 한다. 피분석자들은 모호하기에 설명할 수 없는 불안으로 그것을 경험한다. 그리고 이것은 반복되는 증상으로, 꿈으로, 우연한 사건의 보고 등과 같은 간접적인 표현들로 의식에서 표현되고 분석가에게 보고된다. 따라서 분석가는 피분석자가 언어적으로 비언어적으로 전달하는 것 이면의 메시지를 들을 수 있어야 한다. 그렇기에 피분석자의 이러한 은유적 표현물들을 감지하고 관찰할 수 있는 능력이 강조되는 것이다. 이 능력은 정신분석 전반의 분석 상황에서 벌어지는 은유적 과정, 은유적 표현물에 대한 이해에서 나온다고 해도 과언이 아니다. 왜냐하면 정신분석의 많은 부분들이 은유적 개념으로 설명되기 때문이다. 따라서 은유에 대한 이해는 정신분석의 기술, 치료적 방법에 대한 이해의 토대가 될 것으로 생각된다.

주(NOTE)

1) 오형엽 (2008),“인지언어학적 은유론의 수사학적 고찰 ;레이코프와 존슨을 중심으로”, 시문학, 제102호, 2008년, 502쪽.
2) 구조주의 언어학은 언어를 일종의 기호라고 보고 “언어가 하나의 체계로 존재하기에 언어 간의 밀접한 관계와 언어 내면의 구조를 밝힌다.” 한편 인지언어학은 “인간 마음의 본질, 더 나아가 인간의 본질을 규명하기 위한 학제적 연구의 일환으로서, ‘언어, 몸과 마음, 문화’ 의 상관성을 밝히려는 언어이론이다. 언어를 보다 더 일반적인 인지능력 내에 위치시키는 언어 연구의 접근법이다.”
네이버 지식검색 https://ko.wikipedia.org/wiki
3) 신익호 (2014), 『현대시론』, 박문사, 189-190쪽.
4) 신익호 (2014), 『현대시론』, 189-190쪽.
5) 위의 책, 192쪽.
6) 위의 책, 192쪽.
7) www.naver.com 지식백과 (문학비평용어사전, 2006. 1. 30. 국학자료원) 참조.
8) 이러한 비유들은 이후 논의에서 다시 설명이 된다.
9) 신익호, 『현대시론』, 190쪽.
10) 위의 책, 189쪽.
11) 미국정신분석학회 / 이재훈 역 (2002), 『정신분석 용어사전』, 434쪽.
12) 위의 책, 참조.
13) 위의 책, 참조.
14) 위의 책, 참조.
15) G. 레이코프 M. 존슨 / 노양진; 나익주 옮김 (1995), 『삶으로서의 은유』,서광사. 21쪽
16) 오형엽 (2008), “인지언어학적 은유론의 수사학적 고찰 ;레이코프와 존슨을 중심으로”, *시문학, 제102호, 2008년*
17) 위의 논문, 504쪽.

18) 위의 책, 22-23 쪽.
19) 네이버 국어사전
http://krdic.naver.com/detail.nhn?docid=7784700
20) 「연합뉴스」, 1998년 10월 8일자, 인터넷 책 소개 기사.
21) 레이코프와 존슨, 『삶으로서의 은유』, 23쪽
22) 위의 책 24쪽, 레이코프와 존슨은 이러한 은유를 '구조적 은유(structuaral metaphors)'라고 한다.
23) 위의 책, 37쪽.
24) 위의 책, 37-38쪽.
25) 위의 책 38-42쪽.
26) 위의 책 50쪽.
27) 위의 책 59쪽.
28) 위의 책 59-60쪽.
29) 「중앙일보 Korea Daily 뉴스」, 2105년 12월 17일자, 경제면 인터넷 기사.
30) 네이버 사전 http://krdic.naver.com 검색.
윗글 출처는 박경리, 『토지』.
31) 이러한 표현들은 마치 우리의 사고는 '불분명함, 흩어져 있음'을 견디지 못하는 것 같다는 생각도 들게 한다.
32) G. 레이코프 M. 존슨 / 노양진; 나익주 옮김 (1995), 『삶으로서의 은유』,62-63쪽.
33) 위의 책 65쪽.
34) 은유가 인간의 경험에서 나온 무의식적인 정신의 한 현상이라는 설명은 정신분석의 무의식을 은유적 과정으로 볼 수 있는 것과 인간발달 이론에서 은유의 기원을 찾을 수 있는 근거가 된다.
35) 위의 책 66쪽.
36) 위의 책 67-71쪽.
37) 위의 책 74쪽.
38) 여기서 레이코프와 존슨은 제유가 부분으로 전체를 나타내는 것이지만 한 개체가 다른 개체를 지시한다는 점에서 환유와 같은 것으

로 보고 있다. 전통적인 수사학에서도 환유와 제유를 한 갈래의 것으로 본다. 둘 다 어떤 것을 그것과 관련된 속성과 연관된 것으로 대체하는 수사법이기 때문이다.

39) G. 레이코프 M. 존슨 / 노양진; 나익주 옮김 (1995), 『삶으로서의 은유』,126-127쪽.

40) 위의 책, 414쪽.

41) Antal F. Borbely (1998), "A Psychoanalytic Concept of Metaphor」", *International Journal of Psycho-Analysis*, 79:923-936

42) "프로이트에 따르면 정신의 일차과정은 쾌락 원리에 따라 욕구를 충족시켜주는 대상의 기억 흔적에 리비도 에너지를 집중시킴으로써 즉각적이고 완전한 방출을 추구한다. 무의식 안에서 발생하는 이러한 리비도 집중은 소망과 관련된 연상망 안에서 하나의 생각이 다른 하나의 생각을 상징하도록 허용한다.(전치) 또, 하나의 생각은 다른 몇 가지의 생각들을 상징적으로 표현할 수 있다.(응축) 이러한 이차 과정을 거쳐 수용될 수 없는 생각들은 전의식-의식 안으로 검열을 피해 올라올 수 있게 된다." 미국정신분석학회 / 이재훈 역 (2002), 『정신분석 용어사전』,368쪽. 여기서의 '전치'와 '응축'의 개념은 은유의 개념과 일치하는데, 모델은 프로이트가 은유를 응축으로, 환유를 전치라는 단어로 사용했다고 말한다.

43) 위의 논문, 924쪽.

44) 은유의 상호작용이란 다음의 말로 이해할 수 있다. "은유는 원관념과 보조 관념의 상호 침투 작용에 따른 의미론적 변화 과정에서 제 3의 관념을 내포한다. 즉 하나 더하기 하나는 둘에 국한되지 않고, 셋이 될 수 있는 창조적 상상력을 수반하는 것이다. 마치 두 부모 밑에서 태어난 자식과 같다고 할 수 있다. 따라서 원관념과 보조관념 사이의 전이 과정에서 서로 다른 대상이나 개념의 층위에서 유사성과 차별성을 발견할 수 있다." 신익호 (2014), 『현대시론』, 박문사, 200쪽.

45) 미국정신분석학회 / 이재훈 역 (2002), 『정신분석 용어사전』.

134-135쪽.

46) Ana-Maria Rizzuto (2009),"Metaphoric Process and Metaphor: The Dialectics of Shared Analytic Experience", *Psychoanalytic Inquiry*, 29:18-29

47) 위의 논문, 20-21쪽, 참조.

48) 구로자와 아끼라 감독의 1950년 영화 〈라쇼몽〉은 이러한 경험에 대한 주관적 해석을 잘 보여주는 예가 될 수 있다. 영화는 살인 사건에 연루된 세 사람이 사건, 그리고 서로에 대한 기억을 어떻게 주관적으로 경험하는 지를 각자의 에피소드들을 통해 보여준다.

49) 지그문트 프로이트 / 김인순 역 (2003), 『꿈의 해석』, 열린 책들, 496-497쪽.

50) 위의 논문, 21쪽.

51) Arnold H. Modell (2009), "Metaphor. The Bridge Between Feelings And Knowledge」" *Psychoanalytic Inquiry*, 29:6-11

52) 앞서 레이코프와 존슨의 은유 개념에서 '위-아래'와 같은 지향적 은유 개념은 우리 몸의 운동 기능에서, 또 불명확한 사물을 '안-밖'이 있는 그릇으로 보는 은유 개념은 우리 몸의 피부 개념에서 나온다고 설명한 바 있다.

53) 네이버 검색.
http://navercast.naver.com/contents.nhn?rid=133&contents_id=5214 , 참조.

54) 위의 논문, 8쪽.

55) 위의 논문, 9쪽.

56) "환유 (metonymy)는 그리스어 'metonymia'에서 유래한 것으로, 사물의 이름이 그것과 관련된 어떤 것을 대신하기 위해 전이된 것을 말한다. 환유는 연속성에 의한 기호체로서 부분적인 것을 통해서 전체를 대신하는 것이다. 환유의 예로는 '흰 옷' 은 우리 민족, '황금'은 돈, '하이힐'은 숙녀 등 인접성에 따른 인관관계에 바탕을 둔다." 신익호 ,(2014년) 『현대시론』, 박문사, 216-217쪽.

57) 신익호 (2014), 『현대시론』, 박문사, 189쪽.

58) Jacob A. Arlow (1979), "Metaphor and the Psychoanalytic Situation", *Psychoanalytic Quarterly*, 48:363-385

59) 위의 논문 366쪽.

60) 알로우는 말에서 표현들은 단지 의미의 근사치일 뿐이며, 모호함이 말하기의 중요한 속성이라는 레비(Leavy, S. A.)의 말을 인용하여 "만약 각각의 단어가 하나의 의미만을 지닌다면, 다른 말과 비교, 병치됨으로 발생하는 새로운 의미나 다른 말로 전이됨으로 상호 영향을 줄 방법도 없게 된다. 그렇기에 모호함은 언어가 동시적으로 이용될 수 있는 다양한 계층으로 풍부하고 깊은 의미를 가능하게 하여 언어에 역동적인 성격을 부여한다."고 서술한다. 위의 논문, 372쪽. 그렇기에 은유는 모호한 언어의 특성에서 나온다고 볼 수 있다.

61) 위의 논문, 371쪽. 이 부분에서 알로우는 보드, H .M(Voth, H. M.) (1970), 에스테인, R (Ekstein, R.)(1952), (1956), (1957), (1966), 알렉산드로윅, D.R. (Aleksandrowicz, D. R.) (1962), 빅터, G (Victor,G.) (1977) 등의 의견을 참고한다.

62) 위의 논문, 373쪽.

63) 위의 논문 373-374쪽. 어로우의 논문에서 이 내용은 3인칭 시점의 문어체로 쓰여 있다. 환자의 '말하기' 상황에 좀 더 가깝게 재현하기 위해 똑같은 내용을 1인칭 구어체로 바꿨다.

64) 위의 논문. 374쪽.

65) Karl Abraham (1925),"Contributions to the theory of the anal character", *International Journal of Psychoanalysis*. 6:247-258, 참조.

66) 미국정신분석학회 / 이재훈 역 (2002), 『정신분석 용어사전』,566쪽.

67) Norman Reider (1972), "Metaphor as Interpretation", *International Journal of Psycho-Analysis*, 53:463-469

68) 위의 논문, 467쪽.

69) 위의 논문 468쪽.

70) 위의 논문, 468쪽.
71) Thomas Ogden (1997), "Reverie And Metaphor : Some Thoughts On How I Work As A Psychoanalyst", *International Journal of Psycho-Analysis*, 78:719-732.
72) 'a visceral way'를 여기선 '내장에서 올라오는 방법'이라고 해석했는데, 이에 대한 추가적 설명이 필요할 것 같다. 'visceral' 의 사전적 의미는 네이버 영어 사전 검색, 옥스퍼드 본에서는 "1. (문예체) (깊은 사고가 아니라) 강한 감정에 따른, 본능적인 2. (전문용어) 내장(內臟)의"로, 동아 출판 본에서는 "1. 내장의, 창자의, 2. 〈병이〉 내장을 침범하는, 3. 내장 같은, 4. 본능적인, 비이성적인; 노골적인 ; 마음속에서 느끼는" 으로 정의된다. 같은 영영 사전에서는 'visceral feeling'이 아주 깊은 곳에서 느껴지는 무시하거나 조절할 수 없는 감정이며 사고의 결과로 느껴지는 것도 아니라고 설명된다. 이것은 사고의 단계를 거쳐서 나온 것이 아니기에 사고보다는 빠르게 감지되지만, 직접적인 육체적 감각보다는 더딘, 그 중간의 단계에서 감지되는 것이라는 생각이다.
73) 위의 논문, 719-720쪽.
74) 위의 논문, 720쪽.
75) 위의 논문, 721쪽.
76) 정신분석적 대화에서 은유는 필연적이다. 옥덴은 절망스러웠다는 그의 환자에게 "당신은 절망을 어떻게 아는 가? 혹은 당신의 신체 어디에게 절망을 느끼는가? 당신의 절망은 어떤 것과 같은가?"라는 질문을 던졌다고 한다. 그 질문은 자신에게 던져본다면, 우리는 절망을 비롯한 슬픔, 기쁨, 두려움, 불안과 같은 감정을 그 자체만으로 내 경험의 크기만큼 그대로 표현하기란 정말 어려운 일이라는 걸 안다. 대신 "나는 지구만한 바윗덩어리에 짓눌려 있는 거 같아." 라고 대답한다면 우리는 그의 절망을 가늠할 수 있게 된다. 그런 의미에서도 은유는 필연적이다.
77) 위의 논문, 728쪽.
78) 위의 논문, 721-722쪽.

79) 위의 논문, 722쪽.
80) 이것은 수사적 의미가 아닌 분석가의 무의식적 경험을 의식적 표현물로 바꾼 형태라는 의미에서 은유적 표현물이다.
81) 옥덴이 이것이 정확히 누구만의 것이라고 말하기 어렵다고 말한다. 그렇기에 이를 '분석적 3자'라고 부른다.
83) Eileen A. Kohutis (2008),"Concreteness, Dreams, and Metaphor : Their Import in a Somatizing Patient", *Psychoanalytic Inquiry*, 30:416-429
84) "Concrete(구체적)" 는 "사실에 의거한, 구체적인," 이면서, "사실적, 개별적이면서, 직접 보거나 접촉할 수 있는" 이란 의미를 갖는다. "concrete patient"란 상징이나 은유의 기능, 즉 모호한 개념들에 유사성과 차이성을 구분하는 유연한 사고를 하지 못하는 환자를 말한다. 여기선 '구체성 환자'라고 통칭하기 한다.
85) 위의 논문, 143쪽.
86) 위의 논문, 148쪽.
87) 위의 논문, 147-148쪽.
88) 요제프 브로이어, 지그문트 프로이트 / 김미리혜 역 (1997), 『히스테리 연구』, 열린책들. 참조
89) 심리와 신체의 연결은 이후 논의될 은유의 기원에 관한 내용에서 다시 확인할 수 있다.
90) 이 논문에서는 총 10개의 꿈이 보고되어 있다. 이것은 분석 초기에 보고된 3개의 꿈이다.
91) '분리 개별화 단계'란 마가렛S. 말러(Margaret S. Mahler)가 유아가 심리적 탄생을 해나가는 과정을 몇 단계로 나눈 것이다. 그 과정은 유아가 태어난 후 몇 주 동안 리비도가 자기 신체 내부에 집중되고 돌보는 사람을 지각하지 못하는 "정상적 자폐 단계", 이후 생후 2개월부터 리비도가 점차 외부 세계를 향하게 되면서, 희미하게 대상에 대한 의식을 갖게 되고, 자기와 어머니가 하나의 공통된 경계를 갖는 "정상적 공생단계", 그리고 이 단계 이후 어머니로부터 분리되어 개인적 특성을 갖추어 나가는 "정신적인 분

리-개별화 과정"을 말한다.

92) 미국정신분석학회 / 이재훈 역 (2002), 『정신분석 용어사전』,248쪽.

93) O. Fenichel (1945),"Early mental development of the archaic ego", In *The Psychoanalytic Theory of Neurosis* , 34쪽.

94) 위의 논문, 35-36쪽.

95) 마가렛 S. 말러, 프렛 파인, 애니 버그만 저/ 이재훈 역 (1997), 『유아의 심리적 탄생-고생과 개별화』, 한국심리치료연구소, 74-76쪽.

96) 처음 태어난 유아는 내부와 외부, 자기와 대상의 구분이 없다. '신체 안'에서 '신체 위'로 경험한다는 것은 차츰 자기 신체와 아닌 것의 어스름한 분리가 생겨난다는 것을 의미한다.

97) R. Gaddini (1987),"Early Care and the Roots of Internalization", *International Review of Psychoanalysis*, 14:321-332.

98) R. Carvalho (1991),"Mechanism, Metaphor", *Journal of Analytical Psychology*, 331-332쪽.

99) R.D. 힌쉘우드 / 이재훈 역 (2006), 『임상적 클라인』, 한국심리치료연구소, 186-187쪽.

100) 이 책에는 멜라니 클라인(Melanie Klein)의 '투사적 동일시' 개념이 인용되어 있다. 클라인은 투사적 동일시를 다음과 같은 현상으로 설명한다. "한 가닥의 공격성이 항문기와 소변기 충동으로부터 나오는데, 이것은 위험한 물질(배설물)을 비워내어 어머니의 내부로 집어넣는 것을 목표로 한다. 이때 축출된 해로운 배설물과 함께 자아의 부분들이 떨어져 나가는데, 그것들 또한 어머니의 내부로 투사된다. 이 배설물과 자기의 나쁜 부분들은 대상에게 상처를 입히고 나아가 대상을 통제하고 사로잡는다." 힌쉘우드, 『임상적 클라인』,184쪽.

101) R. Carvalho (1991),"Mechanism, Metaphor",332-333쪽.

102) 도날드 위니캇 / 이재훈 역 (2011), 『소아의학을 거쳐 정신분석학으로』, 한국심리치료연구소, 547-458쪽.

참 고 문 헌

도날드 위니캇 / 이재훈 역 (2011), 『소아의학을 거쳐 정신분석학으로』, 한국심리치료연구소

마가렛S. 말러, 프렛 파인, 애니 버그만 저/ 이재훈 역 (1997), 『유아의 심리적 탄생-고생과 개별화』, 한국심리치료연구소

미국정신분석학회 / 이재훈 역 (2002), 『정신분석 용어사전』

R.D. 힌쉘우드 / 이재훈 역 (2006) 『임상적 클라인』, 한국심리치료연구소,

요제프 브로이어, 지그문트 프로이트 / 김미리혜 역 (1997), 『히스테리 연구』, 열린책들

G. 레이코프 M. 존슨 / 노양진; 나익주 옮김 (1995), 『삶으로서의 은유』,서광사

신익호 (2014), 『현대시론』, 박문사

지그문트 프로이트 / 김인순 역 (2003), 『꿈의 해석』, 열린 책들

오형엽 (2008), "인지언어학적 은유론의 수사학적 고찰 ;레이코프와 존슨을 중심으로", *시문학, 제102호, 2008년*

Ana-Maria Rizzuto (2009), "Metaphoric Process and Metaphor: The Dialectics of Shared Analytic Experience", *Psychoanalytic Inquiry, 29:18-29*

Antal F. Borbely (1998), "A Psychoanalytic Concept of Metaphor」", *International Journal of Psycho-Analysis, 79:923-936*

Arnold H. Modell (2009), "Metaphor-.The Bridge Between Feelings And Knowledge」" *Psychoanalytic Inquiry, 29:6-11*

Eileen A. Kohutis (2008), "Concreteness, Dreams, and Metaphor: Their Import in a Somatizing Patient", *Psychoanalytic Inquiry, 30:416-429*

Jacob A. Arlow (1979), "Metaphor and the Psychoanalytic Situation" , *Psychoanalytic Quarterly, 48:363-385*

Karl Abraham (1925), "Contributions to the theory of the anal character" , *International Journal of Psychoanalysis, 6:247-258*

Norman Reider (1972), "Metaphor as Interpretation" , *International Journal of Psycho-Analysis, 53:463-469*

O. Fenichel (1945), "Early mental development of the archaic ego" , In *The Psychoanalytic Theory of Neurosis*

R. Carvalho (1991), "Mechanism, Metaphor" , *Journal of Analytical Psychology, 36:331-341*

R. Gaddini (1987), "Early Care and the Roots of Internalization" , *International Review of Psychoanalysis, 14:321-332*

Thomas Ogden (1997), "Reverie And Metaphor : Some Thoughts On How I Work As A Psychoanalyst" , *International Journal of Psycho-Analysis, 78:719-732*

〈검색 사이트〉

http://navercast.naver.com/contents.nhn?rid=133&contents_id=5214 , 참조.

네이버 사전 http://krdic.naver.com

http://krdic.naver.com/detail.nhn?docid=7784700

www.naver.com 지식백과 (문학비평용어사전, 2006. 1. 30. 국학자료원) 참조.

네이버 지식검색 https://ko.wikipedia.org/wiki

「중앙일보 Korea Daily 뉴스」, 2015년 12월 17일자, 경제면 인터넷 기사.

「연합뉴스」, 1998년 10월 8일자, 인터넷 책 소개 기사.

도서 1

한국심리치료연구소 총서

정 신 분 석 학 일 반

- 꿈 상징 사전 Eric Ackroyd 지음/ 김병준 옮김
- 나의 이성, 나의 감성 De Gregorio, Jorge 지음/ 김미겸 옮김
- 모성의 재생산 Nancy Chodorow 지음 / 김민예숙 · 강문순 옮김
- 비교정신분석학 / 오채근 편저
- 왜 정신분석인가? Roger Perron 지음/ 표원경 옮김
- 의례의 과정 Victor Turner 지음/ 박근원 옮김
- 정신분석 용어사전 지음/ 이재훈 외 옮김
- 정신분석 주요개념 I · II Moore and Fine 지음/ 이재훈 외 옮김
- 참자기 J.F. Masterson 지음/ 임혜련 옮김
- 환자에게서 배우기 Patrick J. Casement 지음 / 김석도 옮김

대 상 관 계 이 론 분 야

- 교육, 허무주의, 생존 D. Holbrook 지음 / 이재훈 옮김
- 대상관계이론과 정신병리학 Frank Summers 지음/ 이재훈 옮김
- 정신분석학적 대상관계이론 J. Greenberg & S. Mitchell 지음 / 이재훈옮김
- 대상관계 개인치료 I · II Jill & David Scharff 지음 / 이재훈 · 김석도 옮김
- 대상관계 집단치료 Charles Ashbach & Victor Shermer 지음 / 이재훈 옮김

- 대상관계 가족치료1 Jill & David Scharff 지음/ 이재훈 옮김
- 대상관계 부부치료 Jill & David Scharff 지음/ 이재훈 옮김
- 단기 대상관계 부부치료 James Donovan 지음/ 이재훈 · 임영철 옮김
- 대상관계 단기치료 Michael Stadter 지음/ 이재훈 · 김도애 옮김
- 초보자를 위한 대상관계 심리치료 Jill & David Scharff 지음 /오규훈 · 이재훈 옮김
- 편집증과 심리치료 W. W. Meissner 지음 / 이재훈 옮김
- 프로이트 이후 S. Mitchell & M. Black 지음/ 이재훈 · 이해리 옮김
- 심각한외상과대상관계 Stephen Prior 지음/ 김소희옮김

비 온 의 정 신 분 석 이 론

- 흑암의 빛줄기 James Grotstein 지음 / 이재훈 옮김
- 그러나 동시에 또 다른 수준에서 – 클라인/비온학파 정신분석학 I James Grotstein 지음 / 이재훈 외 옮김
- 분석적 장 Antonino Ferro & Roberto Basile 지음 /이재훈 옮김
- 그러나 동시에 또 다른 수준에서 Ⅱ James Grotstein 지음 / 이재훈 & 박동원 옮김 (분류: 비온의 정신분석 이론)
- 정신분석과 이야기하기 Antonino Ferro 지음 / 김유진 & 이재훈 옮김 (분류: 비온의 정신분석 이론)
- 비온 정신분석사전 Rafael E. Lopez–Corvo 지음 / 이재훈 옮김

위 니 캇 의 정 신 분 석 이 론

- 그림놀이를 통한 어린이 심리치료 D. W. Winnicott 지음 / 이재훈 옮김
- 놀이와 현실 D. W. Winnicott 지음/ 이재훈 옮김

- 성숙과정과 촉진적 환경 D. W. Winnicott 지음 / 이재훈 옮김
- 소아의학을 거쳐 정신분석학으로 D. W. Winnicott 지음 / 이재훈 옮김
- 울타리와 공간 D. Wallbridge & M. Davis 지음 / 이재훈 옮김
- 100% 위니캇 Anne Lefvere 지음/ 김유빈 옮김

클라인의정신분석이론

- 멜라니 클라인 Hanna Segal 지음 / 이재훈 옮김
- 임상적 클라인 R. D. Hinshelwood 지음 / 이재훈 옮김
- 애도 Susan Kavaler-Adler 지음 / 이재훈 옮김

페어베언의정신분석이론

- 성격에 관한 정신분석학적 연구 Ronald Fairbairn 지음 / 이재훈 옮김

코헛의정신분석이론

- 자기의 분석 Heinz Kohut 지음 / 이재훈 옮김
- 자기의 회복 Heinz Kohut 지음 / 이재훈 옮김
- 정신분석은 어떻게 치료하는가? Heinz Kohut 지음/ 이재훈 옮김
- 하인즈 코헛과 자기심리학 Allen M. Siegel 지음 / 권명수 옮김
- 하인즈 코헛의 자기심리학 이야기 1 / 홍이화 지음

컨버그의정신분석이론

- 내면세계와 외부현실 Otto Kernberg 지음 / 이재훈 옮김
- 대상관계 이론과 임상적 정신분석 Otto Kernberg 지음 / 이재훈 옮김

- 인격장애와 성도착에서의 공격성 Otto Kernberg 지음 / 이재훈 · 박동원 옮김

융의정신분석이론

- C.G. 융 Elie Humbert 지음 / 김유빈옮김
- C.G. 융과 후기 융학파 Andrew Samuels 지음/ 김성민 옮김

모던정신분석이론

- 정신분열증치료와모던정신분석 Hyman Spotnitz 지음 / 이준호옮김

크리스토퍼볼라스의저서

- 끝없는 질문 Christopher Bollas 지음 / 이재훈 옮김
- 대상의 그림자 Christopher Bollas 지음 / 이재훈 외
- 환기적 대상 세계 Christopher Bollas 지음 / 이재훈 옮김

마이클아이건의저서

- 감정이 중요해 Michael Eigen 지음 / 이재훈 옮김
- 깊이와의 접촉 Michael Eigen 지음 / 이재훈 옮김
- 독이 든 양분 Michael Eigen 지음 /이재훈 옮김
- 무의식으로부터의 불꽃 Michael Eigen 지음 / 이준호 옮김
- 신앙과 변형 Michael Eigen 지음 / 이재훈 옮김
- 심연의 화염 Michael Eigen 지음 / 이재훈 옮김
- 정신증의 핵 Michael Eigen 지음 / 이재훈 옮김

자 폐 치 료 관 련

- 살아있는 동반자 Anne Alvalez 지음/ 이재훈 외 옮김
- 상상을 위한틀 Judith Mitrani 지음 / 이재훈옮김
- 아동 자폐증과 정신분석 Roger Perrson & Denys Ribas 지음 /권정아 · 안석 옮김
- 아스퍼거 아동으로 산다는 것은? Alenka Klemenc 외 지음 /이재훈 옮김
- 자폐아동을 위한 심리치료 Frances Tustin 지음 / 이재훈 외 옮김
- 자폐아동의부모를 위한 101개의 도움말 A.Miller & T. Smith 지음 /최주언 옮김
- 자폐적 변형 Celia Fix Korbivcher 지음 /이재훈 · 최윤숙 옮김

유 아 / 어 린 이 심 리 치 료

- 아기에게 말하기 Myriam Szejer 지음 / 김유진 · 이재훈 옮김
- 유아의 심리적 탄생 M. Mahler & F. Pine 지음/ 이재훈 옮김

- 스토리텔링을 통한 어린이 심리치료 세트 (가이드북+동화책, 총 19권) Margot Sunderland 지음/ 이재훈 외 옮김

– 감정을 억누르는 아동을 도우려면 (감정을 숨기는찬이)
– 강박증에 시달리는아동을 도우려면 (너무 반듯한죠)
– 그리움 속에 사는 아동을 도우려면 (달님을 사랑한 프록이)
– 꿈과 희망을 잃은아동을 도우려면 (꿈을 이룬콩이)
– 두려움이 많은 아동을 도우려면 (세상이 너무무서운티니위니)
– 마음이 굳어진 아동을 도우려면 (꼬마 깡패 아롬이)

- 분노와 증오에 사로잡힌 아동을 도우려면 (친절을 미워한 헤이티)
- 상실을 경험한 아동을 도우려면 (바다가 사라진 날)
- 자존감이 낮은 아동을 도우려면 (쓰레기통 속으로들어간진주)
- 스토리텔링을통한어린이심리치료(전체가이드북- 1권)

심 리 학 / 정 신 의 학

- 난 멀쩡해 도움 따윈 필요 없어! Xavier Amador 지음 / 최주언 옮김

정 신 분 석 과 기 독 교

- 그리스도인의 원형 Edward F. Edinger 지음 / 이재훈 옮김
- 목회와 성 G. L. Rediger 지음 / 유희동 옮김
- 살아계신 하나님과 우리의 살아있는 정신
  A. Ulanov & A.Dueck 지음 / 김병오 옮김
- 살아있는 신의 탄생 Ana-Maria Rizzuto 지음 / 이재훈 옮김
- 살아있는 인간문서 Charles Gerkin 지음/ 안석모 옮김
- 성서와 정신 E. Edinger 지음 / 이재훈 옮김
- 신경증의 치료와 기독교 신앙 A. Lechler 지음 / 김성민 옮김
- 신데렐라와 그 자매들 Ann & Barry Ulanov 지음 / 이재훈 옮김
- 신학과 목회상담 Debohra Hunsinger 지음 / 이재훈 · 신현복 옮김
- 외상, 심리치료 그리고 목회신학 / 김정선 지음
- 영성과 심리치료 Ann Belford Ulanov 지음 / 이재훈 옮김
- 융의 심리학과 기독교 영성 Erna van de Winckel 지음 / 김성민 옮김
- 인간의 관계 경험과 하나님 경험 Michael St. Clair 지음 / 이재훈 옮김
- 인간의 욕망과 기독교 복음 Francoise Dolto 지음/ 김성민 옮김
- 전환기의 종교와 심리학 James Johns 지음 / 이재훈 옮김

- 정신분석과 기독교 신앙 Francoise Dolto 지음 / 김성민 옮김
- 종교와 무의식 Ann & Barry Ulanov 지음 / 이재훈 옮김
- 치유의 상상력 Ann Belford Ulanov지음 / 이재훈 옮김
- 희망의 목회상담 Andrew Lester 지음 / 신현복 옮김
- 현대정신분석학과 종교 James Jones 지음 / 유영권 옮김

정 신 분 석 아 카 데 미 시 리 즈

- 성애적 사랑에서 나타나는 자기애와 대상애 – 영화 '피아노'분석을 중심으로 / 문현아 지음
- 싸이코패스는 누구인가? – 영화 '케빈에 대하여'를 중심으로 / 박문현 지음
- 영조, 사조세자, 정조 그들은 왜? – 임오화변에 대한 정신분석학적 고찰 / 서정미 지음
- 정신분석에서의 종결 – 이론적 고찰 / 윤종민 지음

도서 2

새로 나온 책

정신분석 기법과 이론 **전이 담기**

쥬디스 L. 미트라니 (Judith L. Mitrani)

미국 L.A. NCP 정신분석연구소 슈퍼바이저
IPA 정신분석가,
Francis Tustin 기념학술지 편집자,
「A Framework for the Imaginary
(상상을 위한 틀)」 저술

한국심리치료연구소 (2017. 5) / 2 만원

정신분석 아카데미 시리즈 6

정신분석과 은유

발행일 2017년 6월 1일

지은이 문은정
펴낸이 이재훈
펴낸곳 한국심리치료연구소

주소 서울시 종로구 새문안로5가길 28,
(적선동, 광화문플래티넘) 918호
전화 02) 730-2537~8
팩스 02) 730-2539
홈페이지 www.kicp.co.kr
E-mail kicp21@naver.com
등록 제22-1005호(1996년 5월 13일)

정가 7,500원
ISBN 978-89-97465-33-0 93180

이 도서의 국립중앙도서관 출판시도서목록(cip)은 홈페이지
(http://www.nl.go.kr/cip.php)에서 이용하실 수 있습니다.
(제어번호: 2017012161)